PROGRAMANDO TU MENTE PARA TRIUNFAR

TÉCNICAS Y MÉTODOS DE AUTO-PROGRAMACIÓN MENTAL QUE TE CONVERTIRÁN EN UNA PERSONA DE ÉXITO.

ALEX KEI

Nhi:

Sin ti a mi lado, no hubiese sido
tan fácil levantarme de tantos
fracasos y recuperar la fuerza
que hoy me permite triunfar.

Te amo.

Diseño de Portada: Carlos A. Ramírez.
Apoyo en la investigación: Marianela Sants.
Colaboraron en la revisión: Marianela Sants y Mery Ojeda.
Ayudaron en la maquetación: Lucía Russo y Mery Ojeda.
Colaboraron en la distracción: Pita, Maggie, Merlín y Mango;
(Ronny: siempre te recordaremos).
Escrito y editado en: Barcelona, Lisboa, Nápoles, Cannes y Mónaco.

Pedidos al por mayor para empresas, equipos o librerías, contactar a:
libros@alexkei.com
Para entrevistas y otras solicitudes, escribir a: mail@alexkei.com
Triunfar.co/libro

«UN REQUISITO FUNDAMENTAL PARA EL ÉXITO, ES TENER UNA PERSONALIDAD EXITOSA»

ALEX KEI

TABLA DE CONTENIDOS

AGRADECIMIENTOS

¡Gracias! ¡Gracias! ¡Gracias! a Mery Ojeda y a Marianela Sants por ayudarme a plasmar en papel mis palabras. Sé que no es fácil transcribir mi forma tan peculiar de hablar y de expresarme. Habéis hecho un excelente trabajo al convertir algunas de mis conferencias, cursos y episodios de mi Podcast en formato escrito.

Agradezco también a los participantes de mi programa ¡ARRASA! por haber inspirado la creación de este libro. Todo comenzó con la idea de crear un evento presencial para vosotros y el contenido era tan basto que decidí plasmar la teoría en un libro y dejar la práctica y el trabajo grupal para el evento presencial.

Le doy las gracias a la naviera NCL (de la cual soy miembro *Silver* de su programa Latitudes) que, sin saberlo, me ayudó a encontrar el ambiente perfecto para inspirarme y poder escribir tan a gusto a bordo de (mi tercera vez en) el Norwegian Epic.

Gracias mamá y papá, como siempre, por tenerme tanta paciencia y por aguantar que me desaparezca tantos días sin dar señales de vida (así somos los raritos, que necesitamos aislarnos para crear y para plasmar en papel todo lo que habita en nuestro laberinto mental).

A mis hermanos, los amo y los adoro. Casi nunca os los digo, pero pienso en vosotros a diario, a pesar de los más de 10.000Kms que nos separan.

Y a ti Nhi, gracias por estar siempre a mi lado (a pesar de) y por animarme en los momentos que me apetece tirarlo todo por la borda (casi literalmente).

¿TE PUEDO PEDIR UN FAVOR?

Me gustaría mucho que me dejaras tu opinión en Amazon sobre este libro.

Como gesto de agradecimiento por haberte tomado el tiempo de hacerlo, quiero hacerte llegar un regalo.

Basta con que me envíes un email a: libros@alexkei.com con una foto o captura de pantalla de tu comentario publicado en Amazon y te enviaremos por email un regalo para decirte:

¡GRACIAS!

Tu reseña y opinión sobre el libro tiene mucha más fuerza que cualquier cosa que yo le pueda decir a las personas sobre mi libro. Así que, por favor: cuéntale a los demás lo que te parece y así me puedes ayudar a ayudar a muchas personas a programar su mente para el éxito.   ¡GRACIAS!

SOBRE EL LENGUAJE UTILIZADO EN ESTE LIBRO

Generalmente escribo como hablo y hablo como me sale del alma. Digo lo que pienso, sin filtros, y reconozco que mi estilo no le agrada a todos («*nadie es monedita de oro para agradarle a todo el mundo*», como decía mi abuela). Mi lema es: «*ódiame o ámame, lo que quieras, pero no te quedes ahí, ahí, por el medio*».

Me gusta hablar con mi público de la misma manera como hablo con mis mejores amigos: de una forma cercana, directa, sin pelos en la lengua y con un cariño muy peculiar. Digo muchas «groserías», así, entre comillas, porque lo que es grosería para algunos, para otros, es una manera muy normal de expresarse y siempre intento que mis palabras escritas, suenen como mi voz.

Si eres de aquellas personas que se ofende fácilmente con palabras francas, robustas y directas, entonces imagínate que este libro lo escribió uno de tus mejores amigos, aquel con el que te muestras tal cual como eres y con quien hablas de cosas que te daría vergüenza que escuchara tu madre. Imagínatelo porque es así, como te hablaré a ti a lo largo de estas páginas.

De cualquier manera, he tenido el cuidado de poner asteriscos en aquellas palabras «groseras» (como que si el asterisco las ocultara) para que no me digan que no he pensado en los lectores más jóvenes que pudiesen poner sus manos en este libro (como que si un niño de 12 años no escuchara en el colegio o en Internet palabras peores que las que yo me atrevería a decir en este libro o en cualquier parte) y para que no sea censurado por los más puristas y pudorosos de la sociedad.

Dicho esto, no encontrarás obscenidades ni asuntos que no quisiera que mis sobrinos pequeños pudiesen llegar a leer.

CÓMO LEER ESTE LIBRO

Tienes varias opciones dependiendo de qué tan expuesto estés a este tipo de contenidos de mentalidad, crecimiento personal y éxito:

En caso de que seas de aquellos cómelo-todo del mundo del crecimiento personal, te sugiero que veas la tabla de contenidos y saltes a lo que más interesa. Si eres como yo (también un cómelo-todo de estos temas), probablemente te pase como a mí que espero descubrir tan solo una frase, un párrafo, un 1% que me haga ver las cosas de otra manera y que me permita experimentar algo que nunca me había planteado. Aunque el 99% del contenido de este libro ya lo tengas tatuado en el cerebro, ese 1% podría ser mágico (como tantas veces me ha pasado a mí cuando extraigo tan solo una idea o concepto maravilloso de un libro de 300 páginas).

Si eres de los que «algo» has leído sobre mentalidad y crecimiento personal, entonces podrías primero analizar qué es lo que más necesitas actualmente en tu vida, cuáles son los obstáculos que no te permiten avanzar (pereza, desgano, desmotivación, improductividad, falta de claridad, etc.) y luego ir a las secciones del libro que te ayuden con esos bloqueos.

Si has tenido muy poca exposición a este tipo de temas, entonces te recomiendo que lo leas una primera vez de inicio a fin, y luego repases aquellos capítulos que consideres que necesitas trabajar más.

El libro lo he creado con un cierto orden lógico para llevarte de la mano en el proceso de programación de tu mente y así puedas triunfar como te lo mereces. Consúmelo como consideres que te funcione mejor y espero que puedas sacar al menos UN concepto, idea o sugerencia, que al implementarla en tu día a día, te ayude a convertirte en la persona que quieres ser.

NOTA PARA LOS OYENTES DE «EN MIS PROPIAS PALABRAS»

Si eres un oyente asiduo de mi podcast «En mis Propias Palabras» encontrarás en este libro varios capítulos con el contenido de algunos de los episodios que probablemente ya hayas escuchado. Siendo contenidos de programación mental, he considerado sumamente importante compartirlos con los lectores de este libro.

Al mismo tiempo, pienso que será útil y conveniente para ti tener la información en formato escrito y así puedas repasarla y consultarla fácilmente cuando lo necesites.

¡Espero que te sea de mucho provecho!

…Y si no eres oyente de mi Podcast «En mis Propias Palabras», te invito a que lo escuches en Spotify, Apple Podcasts, Ivoox, Soundcloud, etc., o directamente en este enlace:

www.alexkei.com/es/podcast-empp

INTRODUCCIÓN

¿Qué se puede decir, que no se haya dicho ya, de estos temas de programación mental para el éxito? Es una tarea sumamente difícil escribir un libro acerca de este asunto, cuando tanto se ha dicho y escrito durante siglos.

Sin embargo, me he arriesgado porque considero que el mundo del crecimiento personal (con sus excepciones) está lleno de patrañas, mitos, motivación superflua y de «técnicas» que, en la práctica, no sirven para nada.

Siendo un asiduo y constante consumidor de este tipo de contenidos, he probado prácticamente todo lo que se ha escrito y eso me ha dado la experiencia para filtrar lo que realmente funciona y descartar las tonterías que algunos recomiendan.

Soy una persona sumamente crítica y escéptica, así que, todo lo que comparto en este libro son técnicas, métodos y principios que yo mismo he implementado y que realmente me han mejorado la vida.

Si al igual que yo, eres un consumidor frecuente de contenidos de crecimiento personal, dudo mucho que encuentres en estas páginas algo «nuevo», pero encontrarás lo que, por experiencia propia, sé que funciona.

Hay personas que saben que podrían ser mejores, más productivas, o mejorar algunos aspectos de su personalidad, sin embargo, son reacios a aceptar que necesitan ayuda. El hecho de que estés leyendo este libro es una señal de que estás comprometido con tu progreso, con tu cambio, y que quieres mejorar esos detallitos que, todos nosotros tenemos en nuestra mentalidad, que impiden que las cosas no nos salgan como queremos, y hacen que en ocasiones nos encontremos atascados, o incluso, retrocediendo.

Seguramente has sentido alguna vez que, en lugar de evolucionar, vas dando marcha atrás. Bien, esa sensación la experimentamos muchísimas personas y no es algo que deba agobiarte o hacerte sentir tan mal que te preguntes: «*¿Por qué he nacido defectuoso?*»

No has nacido defectuoso ni tú, ni yo, ni muchos de los que sentimos que lo único que hacemos, es retroceder. La vida es una constante prueba para todos y solamente los más perseverantes, persistentes y comprometidos a causar un gran impacto (en sus vidas, en las de su familia y en las de la sociedad) son los que recibirán la recompensa del triunfo que tanto quieren.

Si aún no me conoces (soy Alex Kei, por cierto), aunque hoy tengo varias empresas y me dedico a lo que más me gusta, lo cual me permite hacer lo que quiero, cuando quiero, con quien quiero y donde quiero, como te imaginarás, no siempre ha sido así.

Nací en una familia de clase media trabajadora, en la que nunca nos faltó nada, pero tampoco había dinero suficiente para lujos, ni para viajes, ni para darnos ciertos gustitos que algunas familias podían permitirse.

Hace unos 11 años, yo estaba quebrado económicamente; tuve meses en los que no tenía ni para pagar el alquiler del apartamento donde vivía. En aquél entonces me dedicaba al mundo del espectáculo; era ilusionista (mago) profesional y mi sueño era llegar a ser tan famoso como David Copperfield. Durante años me gané la vida ofreciendo mis espectáculos en fiestas corporativas, eventos infantiles, y también en salas de teatro. Sin embargo, la vida de un artista es muy dura e inestable, sobre todo durante los primeros años de carrera.

En el año 2008 decidí cambiar de ramo, dejando el mundo del espectáculo y convirtiéndome en emprendedor (mejor dicho: auto-empleado) de Internet, vendiendo productos en páginas de subastas y cursos online.

He batallado, perdido, ganado, llorado, reído y triunfado. Ha sido (y sigue siendo) una experiencia de vida maravillosa que me ha dejado cicatrices de guerra, que me hacen sentir orgullo del proceso por el que he pasado.

Todo lo que encontrarás en este libro son principios, prácticas y técnicas que he aprendido a través de muchos otros autores, algunos mejores que otros, pero lo más importante es que de todo lo que he probado, lo que he plasmado en este libro es lo que me ha funcionado realmente para programar mi mente para el éxito.

Te recomiendo al leer este libro, tomes las recomendaciones de una manera abierta y receptiva, porque el objetivo es mostrarte lo que a mí me ha funcionado, pero deberás probarlo en tu caso para ver si también te funciona. No hay tallas únicas en el éxito

Tal como lo hace la luz de una linterna, este libro solamente tiene la intención de mostrarte varios caminos que he recorrido y que me han ayudado a alcanzar todo lo que hoy tengo, pero tu trabajo es decidir cuál camino decides recorrer, para ver hasta cuál destino te lleva.

Hay un dicho que usualmente se le atribuye a Einstein que dice:

«Todo el mundo es un genio, pero si juzgas a un pez por su capacidad de subir un árbol, vivirá toda su vida pensando que es un inútil».

En otras palabras: aunque todos somos humanos y todos tenemos ojos y piernas, aun así, somos diferentes unos de otros en muchos sentidos, y es por eso por lo algo que le funciona muy bien a una persona, no necesariamente le funcione a otra.

Desde que somos niños, el sistema educativo nos evalúa a todos por igual. Incluso, hasta nuestros padres, probablemente con la mejor intención, puede que nos hayan educado de una forma muy similar.

Es posible que, debido a esto, en algún momento te hayas sentido desencajado y sientas que lo que te enseñaron durante toda tu vida no aplica para lo que quieres ser y conseguir. Pero no tienes que desilusionarte por eso, porque en realidad, a todos nos ha pasado. Eso ha forjado nuestra mentalidad y los resultados que hemos conseguido. La buena noticia, es que podemos programar nuestra mente para que se comporte como queremos.

La Real Academia Española (RAE) define la palabra Mentalidad como: «…la cultura y modo de pensar de una persona». Por supuesto, la palabra «cultura» es muy amplia, y la expresión «modo de pensar» abarca muchas cosas. Precisamente, la manera de pensar es la forma de interpretar lo que nos rodea, lo que nos sucede y a lo que nos exponemos. Es acerca de esto que trabajaremos a lo largo de este libro.

Hay muchos preconceptos que nos impiden llegar a donde nosotros queremos; debemos tener cuidado, ya que, por ellos, podemos estar cargados de negatividad. Decepciones, frustraciones, falsas expectativas insatisfechas, entre muchos otros sentimientos, está claramente comprobado que consumen más que un cáncer.

Mantenerse decepcionado y frustrado, es de alguna forma, permanecer enfermo, y más si lo has estado por un tiempo prolongado. Lo que quiero conseguir con este libro, es que extraigas al menos un 10% que te sirva para salir de ese estado, para que veas con tus propios ojos que eres capaz de programarte para triunfar y que, no importa cuantas veces caigas, tu mentalidad es la que te ayudará a levantarte todas las veces que sea necesario.

Programar nuestra mente para el éxito se consigue con el reencuadre, la resiliencia, la repetición y la responsabilidad. Cuando domines esos cuatro elementos, habrás encontrado la clave para programar tu mente en todo lo que quieras.

~Semper Exercitatio; Semper Crescens~

ALEX KEI

PRIMERA PARTE:
AUTOCONCIENCIA Y
AUTOCONOCIMIENTO

Para poder iniciar cualquier tipo de transformación, es importante reconocer quiénes somos realmente. Lo curioso, es que muchos creemos que nos conocemos, pero en realidad, solo conocemos aquella parte de nosotros mismos que no nos intimida enfrentar o la que respalda aquello que «queremos» ser.

Antes de empezar nuestra programación mental para el éxito debemos tener plena consciencia de nuestras habilidades, debilidades, creencias y preconceptos que rigen nuestro día a día.

Si no reconocemos lo que debemos mejorar, ni lo que ya poseemos para triunfar, será prácticamente imposible programarnos adecuadamente para el éxito. Así que empecemos por conocernos un poco más a fondo.

TU CEREBRO ES TU *PERSONAL COMPUTER*

Nuestro cerebro es la máquina más poderosa con la que hemos nacido, pero nos la han entregado sin manual de instrucciones. Tampoco podemos hacer con nuestro cerebro lo mismo que haríamos si compramos un ordenador o computador y no sabemos cómo manejarlo: ~~fastidiar~~ recurrir al sobrino o primo que *«entiende de estas cosas»*, para que nos enseñe cómo funciona el cacharro.

El cerebro es muy parecido a un ordenador y debemos aprender (a los c*ñazos) cómo funciona y cómo usarlo correctamente. Veamos la analogía entre ambas «máquinas»:

«El disco duro» equivale a nuestra memoria permanente (nuestros recuerdos de corto y largo plazo: nombre, direcciones, teléfonos, fechas, etc.)

«La memoria RAM» sería lo que tenemos presente en un determinado momento en la mente, todo lo que requiera de nuestra atención y aquello en lo que pensamos constantemente por estar incompleto o pendiente (llamar a alguien, preparar o hacer algo, pagar algún recibo, llevar al niño al médico, etc.)

«El procesador» es como nuestra inteligencia y aptitudes, nuestra capacidad de lógica y de interpretación, todo lo que tenga que ver con nuestras habilidades cognitivas.

«El sistema operativo» es el conjunto de nuestras creencias, de hábitos, de valores, preconceptos, formas actuar y de reaccionar ante situaciones, nuestra personalidad, como nos perciben los demás, etc.

Teniendo en cuenta esta analogía, debemos aprender cuáles son los estímulos correctos que le debemos dar al cerebro para que funcione de la manera que queremos (lo que en informática se conoce como «*inputs*»), debemos saber cuándo y cómo cerrar las tareas pendientes que sobrecargan nuestra «Memoria RAM» y, desde luego, debemos saber cómo optimizar los procesos con los que trabajamos para que nuestro «procesador» no colapse, ocasionando que nuestro «sistema operativo» se cuelgue y seamos incapaces de trabajar de forma eficiente para alcanzar nuestras metas.

Cuando tenemos muchas cosas pendientes en nuestra cabeza, nos volvemos más lentos en la capacidad de análisis o respuesta y sentimos aquella sensación en el estómago y en el estado mental general, comúnmente conocida como «estrés» y «agobio». Esto se debe a que estamos consumiendo demasiada «Memoria RAM» y, tal como ocurre en un ordenador que tiene muchos programas abiertos en simultáneo, comienza a ponerse lento, pesado y no funciona como queremos. Además, cuando nuestra capacidad mental comienza a fallar y nos damos cuenta, nos pasa exactamente igual como cuando nuestro ordenador o computador se vuelve lento: nos desesperamos, nos frustramos, nos distraemos con otras cosas esperando a que el programa haga lo que se suponía que ya debía haber hecho y, en ocasiones, nos apetece lanzarlo por la ventana. Así tal cual nos pasa con nosotros mismos cuando sentimos que estamos sobrecargados y no estamos funcionando como deberíamos.

No nos sirve de nada empeorar la situación con sentimientos de frustración, decepción hacia nosotros mismos, sentimientos de culpa e inclusive, dudas sobre si realmente seremos capaces de conseguir lo que queremos.

Es en esos momentos cuando debemos hacer exactamente lo mismo que haríamos con nuestro computador que se ha quedado colgado: reiniciarlo.

Tómate unos minutos de descanso en los que no hagas <u>nada</u>; no aproveches esos minutos para poner a lavar la ropa, para ver televisión, ni para husmear la vida de los demás en las redes sociales.

Te cuento cómo «reinicio» mi cerebro cuando siento que se ha quedado colgado; espero que a ti también te sea de provecho implementarlo:

Pongo una alarma de dos minutos en mi teléfono y cierro los ojos: durante esos dos minutos, me concentro solamente en respirar profundamente; cuento lentamente hasta cuatro mientras inspiro por la nariz, luego mantengo el aire en mis pulmones unos dos o tres segundos y posteriormente, cuento lentamente hasta cuatro mientras voy expulsando el aire por mi boca; espero unos dos o tres segundos antes de volver a inspirar y repito este proceso hasta que suene la alarma. Siempre que me vienen pensamientos a la mente, no dejo que se desarrollen, ni que se forme en mi mente un diálogo conmigo mismo, sino que vuelvo a concentrarme en mi respiración profunda.

Escribo todo lo que tengo pendiente en mi mente: luego de haber pasado esos dos minutos de respiración consciente con los ojos cerrados, comienzo a escribir, sin ningún orden de importancia, urgencia o prioridad, todo lo que me venga a la cabeza de lo que tengo inacabado y de lo que debo comenzar a hacer durante ese día y los próximos días. En esta lista voy escribiendo todo aquello que sobrecarga mi «Memoria RAM» y la mantengo a la mano para que, cuando vaya recordando otros asuntos pendientes, también apuntarlos. A este proceso le llamamos «vaciado de cerebro» y, justamente, nos sirve para vaciar nuestra mente de todo lo que tenemos pendiente y así ella deje de (ser tan pesada) recordárnoslo a cada momento (nuestra consciencia se preocupa mucho por nosotros y como lo haría una buena madre, constantemente nos está recordando lo que debemos hacer). Cuando ponemos por escrito todo lo que ronda nuestra mente de manera constante, le enviamos un mensaje al subconsciente diciéndole que sabemos la importancia de todo eso y que no se nos olvidará. Este «vaciado del cerebro» lo hago prácticamente a diario y abarca todos los aspectos de mi vida: situaciones familiares, económicas, profesionales, etc. Se trata de incluir <u>absolutamente todo</u> lo que esté ocupando espacio mental en este momento de nuestra vida.

Elijo UNA de esas actividades pendientes: Aunque muchos recomiendan darle prioridad a lo importante, en vez de dársela a lo urgente, en ocasiones, es prácticamente imposible implementar ese consejo. Dependiendo del día y de la situación pendiente, a veces elijo la más urgente (la que me está tocando los talones y la que se me va a atrasar si no me pongo las pilas), otras veces elijo la más «fácil y rápida» para sacármela del medio y olvidarme de ella; otras veces puedo realmente concentrarme en la más importante, para dedicarle algunas horas o minutos del día y terminarla en el tiempo estipulado.

Esas tres acciones que hago para «reiniciar» mi cerebro, me ayudan a ponerle orden a mi caos mental, me permiten relajarme por algunos minutos y me preparan para comenzar a trabajar en esa única actividad que elegí. Lo más importante para prevenir que se vuelva a «colgar» nuestro cerebro, es evitar a toda costa el «multitasking» o multitarea, es decir, no ir saltando de tarea en tarea, sino trabajar una sola actividad a la vez (siempre que se pueda) y por períodos de tiempo específicos.

TU *«HARDWARE»* Y TU *«SOFTWARE»*

Términos que has escuchado muchas veces porque vienen del mundo de la informática y siendo este un libro de programación (mental) no puedo evitar hacer constantemente la comparación entre el cerebro y los computadores. En este caso voy más allá e incluyo el cuerpo entero, no solo el cerebro.

Digamos que el *«Hardware»* es todo tu cuerpo (incluyendo sus órganos, el cerebro, etc.), la parte física, lo tangible; mientras que el *«Software»* son los programas que tenemos «instalados» en nuestro cerebro y que hacen que pensemos, actuemos, reaccionemos y tomemos decisiones de una forma específica.

La relación que existe entre el cuerpo y la mente se nota en los resultados que obtenemos. Si no tienes el cuerpo «configurado» para el tipo de mentalidad que quieres desarrollar, de poco (o nada) valdrá que intentes poner en práctica las técnicas de auto-programación mental que comparto contigo en este libro.

Esa desconfiguración del cuerpo se manifiesta a través del agotamiento, el desgano, la falta de energía, los pensamientos lentos o turbios y en algunos casos, a través de la depresión.

Hace poco me compré un ordenador portátil de aquellos PRO de la manzanita, y luego de instalarle una serie de programas cojonudos para trabajar con él a tope, el muy cabr*n comienza a presentar problemas en la pantalla. La mitad de la imagen se veía bien y la otra, como que si te hubieses comido unas setas alucinógenas que te hacen ver colores y destellos preciosos (te juro y te prometo que nunca he comido esas cosas que te ponen a volar y jamás he consumido ningún tipo de droga ilícita, pero es lo que me han contado). Si hay algo que falla en nuestro organismo a nivel de «*Hardware*», la programación mental se hará más difícil y en algunos casos, imposible.

Me refiero a fallos que afecten el buen funcionamiento de nuestra mente. No me refiero a discapacidades físicas que no afectan en lo absoluto nuestras capacidades cognitivas (mira el caso de Stephen Hawking, Q.E.P.D.) sino malos hábitos, mala alimentación y otros problemillas químicos. Es muy interesante conocer cómo funciona químicamente nuestro cerebro. Es posible que, aunque duermas bien, te alimentes bien y te mantengas activo, igual te sientas cansado. Ese estado puede deberse a varios factores, y no estaría mal buscar ayuda profesional para descartar algún factor clínico, ya que, en el cerebro se desarrollan una serie de procesos químicos a nivel de neurotransmisores que afectan nuestro estado de ánimo y nuestro desempeño.

Entre estos químicos encontramos las dopaminas, serotoninas, endorfinas y otro montón de «...inas», y sus funciones nos benefician o nos perjudican en determinados momentos.

En ocasiones, yo he tenido que tomar medicamentos inhibidores selectivos de recaptación de serotonina porque me he sentido muy desganado y desinteresado por todo; inclusive he sentido falta de interés por las cosas que más me gustan y que más disfruto hacer. Aunque existen muchos métodos y tratamientos naturales, a veces he tenido que reforzar mi función mental con ese tipo de medicamentos recetados por los psiquiatras para mejorar el estado y desempeño mental.

Te recomiendo que te familiarices con el comportamiento químico de tu cerebro, para que tomes las medidas necesarias a fin de contribuir favorablemente con su funcionamiento y así, mejorar tus capacidades cognitivas y mejorar tu productividad.

TOMANDO CONSCIENCIA DE TUS «VIRUS MENTALES»

El primer paso para cualquier transformación positiva es tener conciencia plena de nuestros defectos. Si no sabemos lo que debemos mejorar, es imposible mejorarlo; si no sabemos exactamente lo que nos frena, jamás podremos avanzar como nos gustaría.

Todo lo que ocurre en nuestra vida y a nuestro alrededor, es interpretable de una manera muy subjetiva y personal por cada uno de nosotros. Dos personas distintas pueden interpretar una misma situación de maneras muy distintas. Una de ellas puede hacer una interpretación que le ayude a triunfar, mientras que la otra, lo tomará como un obstáculo que jamás le permitirá conseguir lo que quiere.

Partiendo desde lo más básico, el mismísimo concepto o acción de «triunfar», significa algo muy diferente para cada persona; para una, significa tener una casa o una familia muy grande, ser libre y dueña de su tiempo, hacer lo que le apetezca e inclusive, ser multimillonaria. Mientras que, para otra, triunfar podría ser simplemente darles cariño y amor a otras personas.

Para poder programar tu mente para triunfar, es de suma importancia que encuentres tu propia definición de triunfo y, sobre todo, que aprendas a reconocerlo cuando lo tengas delante; es importante que sepas cómo luce, cómo se siente y cómo se vive. Muchos triunfan en la vida, pero se sienten fracasados porque se han creado una falsa definición de «triunfar». En muchos casos, es la definición que otras personas le han otorgado a la palabra, bien sea por influencia social o por los medios de comunicación; por eso hay tantos triunfadores deprimidos y tantos potenciales triunfadores persiguiendo las recompensas erradas.

En mi caso, triunfar significa poder dedicarme a lo que más me gusta, vivir de ello, poder decidir lo que quiero hacer, cuando quiera hacerlo, con las personas que quiera, en el lugar que quiera y dejar una huella positiva en este mundo, por más pequeña que sea, mejorando la vida de otras personas, de los míos y la mía propia.

Tómate unos minutos y escribe de una manera muy clara lo que significa triunfar para ti.

Luego que ya tengas claro lo que significa triunfar para ti, haz una lista de todo lo que recuerdes que te impide alcanzar ese triunfo; la harás pensando en lo que has hecho (o dejado de hacer) en los últimos días, semanas o años y que te han venido molestando u obstaculizando el camino al éxito que quieres conseguir.

Tómate el tiempo que consideres necesario porque esta es una de las acciones más importantes para programar tu mente: tener plena consciencia de tus «virus mentales».

Para ayudarte un poco, te doy algunos ejemplos de los más comunes en la mayoría de las personas:

- No tengo claro qué es lo que quiero exactamente;
- Me cuesta organizarme y me disperso mucho;
- No me gusta leer;
- Paso mucho tiempo en las redes sociales;
- Veo demasiados programas basura de TV;
- Me siento muy cansado todo el tiempo;
- No he encontrado nada que me motive;
- Comienzo bien, pero luego pierdo el interés;
- Etc., etc., etc., etc., etc.

A estos obstáculos les llamamos **Puntos de Fricción,** ya que, nos impiden desplazarnos de una manera fluida y suave en nuestro camino al éxito; pueden ser puntos de fricción grandes y pesados (como el de no tener claro lo que quieres en la vida) o pequeñitos y banales, pero que no te dejan avanzar (como el de pasar mucho tiempo en las redes).

El objetivo de esta lista es que la tengas siempre presente para que sepas en qué debes trabajar a nivel interno (lo que debes mejorar, cambiar o eliminar) para triunfar. Esto te dará conciencia plena de los obstáculos que tienes en el camino y podrás prepararte para derribarlos.

Para ilustrártelo mejor, quisiera que te imagines que estás en una sala totalmente a oscuras y debes atravesarla completamente hasta el lado opuesto. Al comenzar a andar, tropiezas con objetos que te impiden avanzar y como estás a oscuras, no sabes si son objetos grandes o pequeños, no sabes si puedes pasarles por encima, por debajo o más bien bordearlos por alguno de los lados, así que, vas tanteando, intentando descubrir con tus manos lo que tienes delante y eso hace que sea muy difícil avanzar. Sería muy distinto y mucho más fácil si pudieras atravesar esa sala oscura, sabiendo exactamente cuáles son los objetos que encontrarás, dónde se encuentran y el tamaño de cada uno ¿no?

Ya basta con los obstáculos externos que nos encontraremos en nuestro camino al éxito, como para agregar más que nos inventamos nosotros mismos o que forman parte de nuestros hábitos o personalidad. Alcanzar lo que queremos requiere de esfuerzo y sacrificio, pero que no sea por culpa de nuestros «virus mentales» que se nos haga más difícil triunfar.

TU MENTALIDAD GOBIERNA TUS ACCIONES. TUS ACCIONES DEFINEN TUS RESULTADOS.

La mentalidad es un concepto tan amplio, basto, abstracto y, al mismo tiempo, tan importante, que deberíamos pasar más tiempo reflexionando acerca de: ¿Qué es realmente la mentalidad? Y más importante aún ¿De qué forma nuestra mentalidad afecta lo que queremos conseguir?

Sabemos que muchos expertos, autores, científicos y psicólogos, hablan de ella, pero pocas veces nos analizamos y vemos de qué forma nuestra propia mentalidad es coherente con aquello que queremos.

Imagínate dos personas diferentes que deciden llevar a cabo un mismo proyecto, con los mismos recursos, las mismas habilidades, las mismas dificultades, etc., y pasados varios meses, una de ellas lo ha concluido de manera exitosa y la otra no. ¿Qué sucedió? ¿Por qué una tuvo éxito y la otra fracasó? Era el mismo proyecto, mismas condiciones, mismas posibilidades, pero una fracasa y la otra tiene éxito, y no, no es que una ha tenido suerte o que alguien con experiencia e influencia la ha ayudado, no necesariamente. En gran medida, lo que determinó el éxito de una y el fracaso de la otra fue cómo pensaban, cómo lidiaban con los obstáculos, cómo tomaban decisiones y el tipo de acción que tomaron basándose en sus creencias, preconceptos y recuerdos del pasado.

La mentalidad es la que gobierna tus acciones y son tus acciones las que definen tus resultados. Siendo así, te pregunto: ¿Cada cuánto tiempo te detienes a hacer un análisis profundo sobre tu mentalidad? ¿Lo haces con alguna regularidad? ¿Nunca lo has hecho? O quizá lo hiciste hace mucho tiempo y ya no recuerdas.

La mentalidad es un conjunto de normas, creencias y sistemas de pensamiento que nos hace percibir las situaciones de cierta forma y que nos hace tomar decisiones que nos llevarán a algún destino, sea el que queramos o, todo lo contrario. Por esto, constantemente debemos evaluar y cuestionar todas nuestras creencias y percepciones.

Hay un principio científico que dice: «*Un buen científico no busca comprobar que su teoría es cierta, sino buscar todas las posibles pruebas que puedan desarmar, destruir o invalidar su teoría. Si luego de mucho buscar, no las encuentra, entonces probamente su teoría sea cierta y haya conseguido comprobarla a falta de pruebas que demuestren lo contrario, pero si en su misión de buscar cualquier cosa que desmonte su teoría, lo encuentra, entonces su teoría queda descartada.*»

De la misma manera que lo haría un buen científico, debemos buscar todas las pruebas que demuestren que nuestras creencias limitantes, preconceptos, temores, etc., son absurdos.

Por ejemplo, si yo creo que las personas que triunfan en la vida seguramente han tenido que hacer algo deshonesto como, pagarle a alguien a cambio de un «favor», manipular o extorsionar a los más débiles, recurrir al abuso de poder, etc., entonces mi mente (específicamente mi «sesgo de confirmación») se fijará automáticamente en todos aquellos casos de personas deshonestas a las que les va muy bien, producto de sus trampas. Debemos evitar esto y debemos activamente buscar pruebas que demuestren que, para triunfar en la vida, no hace falta hacer absolutamente nada deshonesto. Cuando nos ponemos esa misión, nuestro sistema de activación reticular comenzará a darse cuenta de que hay muchísimos casos de personas muy honestas que han triunfado en la vida y eso debería desmontar nuestra teoría (nuestra creencia) de que para triunfar a lo grande hay que ser (o hacer algo) deshonesto, y así, poder descartarla y que no se interponga en nuestro camino al éxito.

El objetivo es hacer los cambios, ajustes, reafirmaciones, incorporaciones y reducciones en nuestra mentalidad, para que esté en sintonía con lo que queremos conseguir. Recuerda: tu mentalidad gobierna tus acciones. Tus acciones se derivan de tu mentalidad (de las decisiones que tomas por tus creencias, miedos, manera o perspectiva de ver una las diferentes situaciones) así que, si queremos realizar las acciones más indicadas para alcanzar nuestras metas, debemos empezar por programar nuestra mentalidad.

Por eso es tan importante este tema de la mentalidad y por eso he decidido escribir un libro únicamente acerca de esto, para ayudarte a reformular tu manera de ver las cosas, de pensar, de tomar decisiones y de actuar.

Si estás absolutamente satisfecho/a con todo lo que has conseguido a nivel profesional y personal, entonces puedes estar seguro de que tienes una mentalidad que realmente te llevará muy lejos. Pero si por alguna razón tú te sientes insatisfecho, incompleto, bloqueado, frustrado o derrotado y sientes que no has podido lograr aquello que realmente te mereces conseguir, entonces créeme, la mayor parte de la culpa es de tu mentalidad, así que debes empezar por ahí, para que puedas conseguir lo que quieres.

¿EN QUÉ ERES BUENO?

¿Tienes (verdadera) consciencia acerca de tus principales talentos y habilidades? Sabrías decir, sin titubear ¿Cuáles son aquellas cosas que tú haces mejor que mucha gente?

Bien sea porque nacimos con ciertas habilidades naturales o porque con el pasar de los años, a través de nuestra formación, trabajo y esfuerzo, hemos ido adquiriendo experiencia y nos hemos vuelto muy buenos, es importante saber en qué somos muy buenos.

Es importante que sepas reconocerlo, porque determinará tu rol principal en tu vida y en tu carrera, y también, determinará muchas de las decisiones que deberás tomar.

Aunque muchas veces tendremos que realizar actividades que no se nos dan bien y deberemos practicar, una y otra vez, hasta que se vuelvan «fáciles», hacer aquello en lo que no somos buenos, aquello que se nos dificulta aun después de muchos meses o años de práctica, causará que nos quebremos en vez de que crezcamos.

Aunque cualquier persona podría volverse buena en lo que sea que se esmere y practique de manera constante, hay ciertas habilidades que son innatas en nosotros y son ellas las que debemos usar a nuestro favor para triunfar.

No siempre debemos intentar volvernos buenos en lo que somos malos; más bien, debemos trabajar para volvernos los mejores en lo que somos buenos. Esto hará que nos desempeñemos de la mejor manera en esa área y que realmente podamos dar lo mejor de nosotros mismos.

Atención: por favor no confundas lo que te estoy diciendo con conformarte con aquello en lo que sientes que eres malo y dejarlo así; hay ciertas áreas que debemos mejorar obligatoriamente, aunque no tengamos talento natural para ello. Yo siempre he sido muy introvertido y no se me da de forma natural ir a fiestas o eventos donde hay muchas personas. Con los años y con la práctica me he vuelto bueno y cómodo en esas situaciones, porque ser empresario lo requiere. Sigo siendo introvertido, pero ahora sé comportarme de forma extrovertida cuando la ocasión lo amerite (y creo que lo hago bastante bien para ser un introvertido nato).

Lo que debemos recordar es que, si podemos volvernos buenos en algo que no se nos da de forma natural, entonces debemos volvernos los mejores en aquello que se nos da con facilidad.

Esto, de alguna forma está conectado a tu propósito de vida, a aquella intersección que existe entre lo que te apasiona, tus talentos/habilidades y lo que le puedes aportar a la comunidad y al mundo.

Hay áreas que probablemente no te apasionen, pero eres muy bueno en ellas; quizá por talento o experiencia, sabes hacer algo muy bien, pero no es lo que te apasiona realmente y deberás decidir si lo explotas al máximo (aunque no te apasione) o si enfocas tu tiempo y energía en otra área.

Con este tema de la «pasión» debemos tener mucho cuidado porque, aunque hay mucha gente que tiene la dicha de ganarse la vida haciendo lo que realmente les apasiona, eso no siempre es posible (pregúntale a mi primo Leonardo, que su verdadera pasión es colarse en bodas en las que no conoce a los novios, ni a ninguno de los invitados). A veces tenemos una misión, un llamado, un propósito, o como quieras llamarle, que requiere explotar nuestras mayores habilidades y talentos, aunque no sea lo que más nos apasione.

«Es que yo no soy muy bueno en nada...» Dijo la vocecita del perdedor que muchos llevan dentro.

Más adelante hablaremos de autoconfianza; de momento, ten plena consciencia de tus habilidades y talentos, porque al usarlos, te será mucho más fácil triunfar.

Te recomiendo (si te lo puedes permitir) que inviertas en un *test* de habilidades llamado «KOLBE». A mí me ayudó a definir cuáles son aquellas áreas de mi vida en la que realmente puedo destacar, según mi manera de pensar y de hacer las cosas.

Este *test* fue creado por Kathy Kolbe, autora del libro *«The Conative Connection»* (también te recomiendo que leas este libro, aunque no estoy seguro si lo han traducido al español) y nos da mucha lucidez en cuanto a nuestros talentos y habilidades, porque enlaza quiénes somos con la manera como hacemos las cosas para conseguir los resultados que queremos.

Los resultados de mi *test* Kolbe, entre otras cosas, arrojaron: *«Alex, has obtenido un perfecto Score en el Index A, esto refleja que tienes un talento especial para crear estrategias únicas, priorizar oportunidades y lidiar con problemas complejos y desconocidos. Destacas cuando cuantificas una oportunidad y cuando buscas maneras de desarrollarlas (...) obtuviste una puntuación 7/10 en recaudación de información; 4/10 en seguimiento; 7/10 en inicio rápido y 3/10 en implementación»*

Estos resultados demuestran que soy buen estratega e iniciador, pero mal implementador, así que, necesito a mi lado personas que complementen mis debilidades a través de sus propios talentos.

Cada persona es única, con habilidades y talentos únicos, y debemos trabajar en conjunto y apoyarnos mutuamente para triunfar.

MENTALIDAD DE ESCASEZ VS MENTALIDAD DE ABUNDANCIA

Probablemente conozcas a alguien que, aunque nació y creció en un entorno con abundantes recursos, hoy es una persona tacaña, cerrada y no comparte nada con nadie. Al mismo tiempo, estoy seguro de que conocerás alguien que, aunque nació y creció en un entorno con muy pocos recursos, hoy es una persona muy generosa, abierta y comparte todo lo que tiene con conocidos y desconocidos.

Dejando de lado temas religiosos o espirituales y dejando también de lado la educación o el ejemplo que ambas personas hayan recibido durante su infancia, este tipo de comportamiento generalmente se debe a una mentalidad de escasez (el primer caso) y a una mentalidad de abundancia (el segundo).

Desde luego, también hay personas que nacieron y crecieron con muchos recursos y son sumamente generosos y personas que nacieron y crecieron con pocos recursos y son sumamente tacañas y egoístas.

Si no me equivoco, el primero en utilizar el término de «mentalidad de abundancia» fue el autor Stephen Covey en su libro «7 hábitos de la gente altamente efectiva». Básicamente, la diferencia entre ambos tipos de mentalidad es la siguiente:

Mentalidad de Escasez: No hay suficiente para todos; hay pocos recursos; solo algunos podrán disfrutar de las cosas buenas de la vida; si algunos ganan, otros obligatoriamente tienen que perder; si comparto, tendré menos para mí; si me abro, me arriesgo a que me quiten lo que es mío; si pierdo algo, me costará muchísimo volver a recuperarlo (o posiblemente jamás lo recuperaré); prefiero no arriesgarme a perder, aunque se me presente una oportunidad que me podría traer muy buenas recompensas (con cierto grado de riesgo de perder); si decido invertir en algo, me debe traer beneficios considerablemente superiores a lo que invertí en el menor tiempo posible, porque si no, no vale la pena; prefiero ganar poco antes que tener que esforzarme demasiado. Etc., etc., etc.

Mentalidad de Abundancia: Hay más que suficiente para todos y muchos recursos disponibles; todo el que se esmere en conseguir lo que quiere, podrá disfrutar de las mejores cosas de la vida; muchos pueden ganar y el triunfo de algunos no necesariamente ocasiona la derrota de otros; si comparto, ayudo de alguna manera a otra persona y esa persona (u otra) compartirá algo conmigo; si me abro, haré muy buenos amigos y al mismo tiempo, sabré quiénes no son mis verdaderos amigos; si pierdo algo, es solo cuestión de tiempo para volver a recuperarlo (o conseguir algo mejor); el que no arriesga, nunca gana; invierto en mi futuro, aunque el beneficio no lo vea de inmediato; estoy dispuesto a esforzarme lo que sea necesario, para ganar lo que quiero y lo que me merezco.

Muchísimas personas viven la vida con una mentalidad de escasez constante y eso se refleja en sus acciones y en los resultados que obtienen. Otros, gozan principalmente de una mentalidad de abundancia, con un cierto grado de escasez en determinadas situaciones. Por esto, debemos hacer un chequeo constante sobre cómo es nuestra mentalidad en ciertos aspectos.

La mentalidad de escasez, de alguna forma, viene innata dentro de nuestra programación instintiva (nuestros antepasados morían de hambre si no eran más rápidos, fuertes y astutos que otros y aunque muchas veces cazaban en grupos, los más «astutos» se quedaban con la mejor y mayor parte) y es cierto que forma parte de nuestra naturaleza querer recibir un trato justo, una recompensa justa y (por instinto natural) sentimos celos o envidia cuando vemos que otra persona tiene algo que nosotros no tenemos.

El científico holandés Frans de Waals, hizo un experimento interesantísimo con monos. Él colocó a dos monos, uno al lado del otro y cada mono tenía que entregarle al investigador una piedra que estaba sobre una mesa que tenían delante para, a cambio, recibir un premio (un pepino). El primer mono le entrega la piedra al investigador y recibe su pepino y comienza a comérselo. Luego, el segundo mono le entrega la piedra al investigador, pero a cambio recibe de premio una uva. El primer mono presenció esto y luego de pensarlo por unos segundos, agarra nuevamente la piedra y se la entrega de nuevo al investigador y este, le entrega al mono su premio: un pepino. Cuando el mono se da cuenta que recibe un pepino, en vez de una uva, se lo lanza con rabia al investigador. Entonces, el investigador se gira hacia el otro mono, éste le entrega la piedra y como recompensa, el investigador le entrega la uva. El primer mono ahora está realmente enfadado y cuando el investigador le hace el gesto para que le entregue la piedra a cambio de su premio, este no quiere dársela. Luego de titubear un rato, decide entregarle la piedra al investigador y este le entrega de premio, un pepino. El mono enfadadísimo se lo lanza de nuevo con rabia, como diciendo *«¡No quiero un pepino!»*.

Debemos aprender a desconectar el instinto primate que todos tenemos, ser civilizados y transformar ese instinto (de envidia o injusticia) en deseo de aprender: *«Si él lo ha logrado obtener algo que yo quiero, pero que no tengo, déjame hablar y aprender con él, déjame emular sus actos, sus acciones. Si él pudo, yo también puedo. Quizá me tome más tiempo, quizá tenga que tomar otros caminos, pero si él pudo, ¡yo puedo!»*

Además de nuestro instinto natural, hay una gran influencia social, inducida por grupos de personas que buscan y defienden la igualdad, los que quieren una sociedad en la que haya la misma cantidad para todos y que los que tienen más, obligatoriamente deben darle lo que «les sobra» a los que tienen menos.

Sin intención de ser polémico en este tema y respetando los diferentes puntos de vista de cada persona, mi opinión es que el «Socialismo» fomenta la mentalidad de escasez y busca que todos tengamos (y aspiremos a) lo mismo, para que no haya «peleas», para que nadie sienta que es parte de una injusticia por recibir menos que el vecino y, desde luego, mientras más personas tengan esta mentalidad, más fácil será para ciertos organismos mantener un control absoluto sobre la población. A mí ese tipo de mentalidad me parece totalmente troglodita, retrógrada, anticuada, una falacia social y hace que las personas vean que es mucho más fácil y conveniente recibir la comidita en la boquita, que tener que luchar y esforzarte por lo que se merecen. Esto ha hecho que muchas personas se crean con el derecho de que alguien o algo externo (bien sea el gobierno, una fundación, el jefe, los ricos, etc.) los cuiden y atiendan sus necesidades, sin ellos ganárselo por su propio mérito.

Yo nací en Venezuela, un país que fue sumamente rico hasta la década de los 70 aproximadamente. Nací en 1979, así que, solo conocí la Venezuela donde abundaba la pobreza y donde te mataban de un tiro en la cabeza para quitarte los zapatos (hoy la situación es mucho peor y te matan por 1Kg de arroz). Yo sabía que en ese país no lograría mis mayores sueños y emigré muy joven, dejando a toda mi familia (padre, madre, hermanos, primos, tíos, mejores amigos, etc.) estuve sin poder verlos durante 8 años y luego de mucho sufrimiento, de haber sido discriminado (¿Te suena el término peyorativo «Sudaca»? me lo decían a diario) y de muchos fracasos de negocio, hoy tengo una vida maravillosa y tengo todo lo que tengo, por mí, por mi propio mérito, sin ayudas sociales, ni gubernamentales.

Nunca podemos pensar que alguien nos debe algo; nadie nos debe nada, es nuestra responsabilidad conseguir los recursos y las oportunidades para alcanzar nuestras metas. No podemos, ni debemos esperar a que algún gobierno, programa social, ONG o lo que sea, nos ayude. Olvídate de subsidios, de becas y de cualquier programa de apoyo. Esperarlo y aspirarlo te vuelve conformista, y al mismo tiempo, te vuelve dependiente de factores externos y no podemos caer en el error de depender de algo que no podemos controlar. Si recibes un subsidio, una beca de estudio o cualquier tipo de apoyo ¡Genial! ¡Acéptalo, úsalo y sácale el mejor partido! ¡Claro que sí! Es para ese tipo de cosas que los que ganamos más, pagamos tantos impuestos, pero no dependas de ello, no te acomodes y te sientes a esperar a que te caigan las ayudas del cielo *«porque me lo merezco»*. No te mereces nada si no lo has conseguido a través de tu propio esfuerzo.

Nacer pobre, no es culpa de nadie; envejecer y morir pobre, es 100% culpa nuestra. Personas que hoy tienen más de 65 años y que han sido siempre pobres; han tenido toda una vida para crear riqueza o, como mínimo, crear una estabilidad financiera, y ¿qué narices han hecho toda su vida!? Podría decirte que no han hecho una mierd*, pero lo más triste, es que muchísimos de ellos sí que han pasado toda su vida trabajando muy duro, pero con la mentalidad errada, las decisiones erradas, las acciones erradas y (obviamente) ¡consiguiendo los resultados errados!

Si tienes menos de 30 años, estás en tu momento de gloria para aprender, prepararte y volverte multimillonario en el futuro.

Si tienes entre 30 y 40 años, estás en una muy buena época para aprender e ir adquiriendo mucha experiencia para volverte multimillonario.

Si tienes entre 40 y 50 años, tienes la experiencia suficiente que, al mezclarla con nuevas formas de ver la vida, nuevas acciones y con la adquisición de nuevas habilidades, te permitirán crear riqueza.

Si tienes más de 50 años y crees que ya es muy tarde, pues permíteme que te diga que tarde es para quien quiere morir pobre y se cree demasiado mayor para reprogramar su mentalidad, aprender nuevas habilidades y en su «recta final» (entre comillas, porque si estás en tus 50, espero que aún te queden al menos unos 30 y tantos años por delante) pisar a fondo el acelerador y tomar la decisión de triunfar ¡A como de lugar! Hay muchísimos casos de personas que triunfaron después de los 60. Búscalos y los encontrarás.

«…pero es que yo no quiero ser multimillonario…» dijo la vocecita del perdedor que todos llevamos dentro.

No hay persona más egoísta que la que decide, por opción propia, no crear riqueza y abundancia a un nivel tan alto que le permita darle una excelente vida a su familia, a sus amigos cercanos, a la sociedad y a los que no tienen forma alguna de mejorar su realidad actual (todas mis donaciones y ayudas siempre van dirigidas a niños, animales, ancianos y personas con cierto tipo de discapacidades que les impide trabajar por sus metas. Ellos sí que se merecen que los ayudemos).

El movimiento social que siembra la escasez mental (acompañada de ciertas religiones y otros organismos con sus propios intereses) es la que hace que muchísima gente considere que el dinero es algo malo, que la ambición es mala, que buscar mejores oportunidades es malo, y desde luego, fomentando este mensaje, esas organizaciones consiguen lo que quieren: que la gente se mantenga en un nivel socio-cultural-económico bajo, para así, poder manipularlos más fácilmente con tan solo ponerles una zanahoria delante.

Es totalmente cierto e incuestionable que, en algunas situaciones, en ciertas áreas y en determinadas circunstancias, efectivamente no contamos con los recursos que necesitamos y tenemos una escasez real (de dinero, de tiempo, de conocimientos, de mano de obra cualificada o simplemente, de alguien que nos eche una mano) pero una cosa es no tener recursos en un determinado momento y otra muy distinta, es no ser «recursivo». Aunque es una palabra que no se utiliza en muchos países, ser recursivo significa ser creativo a la hora de buscar soluciones, tener capacidad de ingenio, buscar la manera de conseguir los recursos de una forma persistente y una persona recursiva no se detiene hasta conseguir lo que necesita. Son aquellos que están dispuestos a hacer trabajos incómodos, tener conversaciones incómodas y a salir de su zona de confort tantas veces sea necesario para conseguir los recursos que necesitan.

Sí hay recursos para todos y sí puedes tener todos los que quieras. Simplemente recuerda que no te caerán del cielo. Vale la pena esforzarse por conseguirlos, te lo prometo. Asume el mando y control de tu vida, asume tu responsabilidad y agarra con fuerza el timón de tu vida; no seas el pasajero o marinero de otro capitán. El capitán de tu vida, eres tú.

Para finalizar esta sección, quiero compartir contigo un cuadro creado por la Coach en Liderazgo Ejecutivo llamada Katia Verresen, que nos servirá de guía y referencia siempre que hagamos un autoanálisis (aquel chequeo del que te hablé al inicio de este capítulo) para ver en qué áreas debemos mejorar y cambiar la manera como vemos las cosas:

ESCASEZ		ABUNDANCIA
Su punto de vista es ser una víctima (un sometido). Simplemente se ha rendido ante la vida y no acepta su responsabilidad.	**Punto de vista ante la vida**	Está en el asiento de conductor, él dirige su vida. Toma el mando y sabe que es responsable de sus acciones y de sus resultados.
Tiene el cuerpo contraído, los hombros tensos y caídos, la mandíbula apretada y a veces le cuesta respirar.	**Energía física**	Está relajado y al mismo tiempo en alerta, con una postura extendida, arraigado y equilibrado, presente, con una respiración profunda y acompasada.
Succiona la energía de otras personas a través de su negatividad. Se siente frustrado, impaciente, ansioso, temeroso, enfadado, abrumado e impotente; deja que el pensamiento del grupo y la presión social tomen el control.	**Energía emocional**	Se siente empoderado, comprometido, positivo, teniendo consciencia que trabaja en algo más grande que él, algo con mayor significado, con mayor propósito. Energiza e inspira a los demás, se emociona ante los retos y lo que aprenderá de ellos es motivo de satisfacción.
Se siente confundido, desorganizado; es de mente cerrada, con el foco puesto sobre lo que no funciona. Piensa: «No tengo alternativa»; «No tengo remedio»; «Todo me sale mal»; Pasa mucho tiempo pensando en sus fracasos, en sus defectos, en la «autoflagelación» mental (castigándose y reprochándose mentalmente de manera constante)	**Energía mental**	Tiene un sentimiento de claridad y la habilidad de percibir y comprender desde múltiples ángulos; escucha activamente; Piensa: «Siempre tengo alternativas» «¿Qué puedo aprender de esta situación?» Toma acción creativa, mantiene una mente de aprendiz en todo momento, es decir, no de que cree que sabe; está siempre dispuesto a aprender con una mente no prejuiciosa (sin prejuicios).

*Cuadro de Katia Verresen

Analiza con frecuencia cada una de estas áreas (y muchas otras) y siempre cuestiónate: «*¿Estoy teniendo una mentalidad de escasez con ese pensamiento?*» «*¿Estoy teniendo una mentalidad de escasez con esa actitud?*» «*¿Se deriva este miedo que siento de una mentalidad de escasez?*». En ocasiones no te darás cuenta, por eso es importante que te conviertas en tu principal detractor y cuestiones muchas de tus decisiones, acciones y pensamientos (no para generarte una duda paralizante, sino para ir al fondo de las cosas, de la manera más objetiva posible y para que mejores todo lo que haga falta para poder triunfar como quieres).

MENTALIDAD FIJA VS. MENTALIDAD DE CRECIMIENTO

Desarrollados por la Doctora y Profesora en Psicología de la Universidad de Stanford, Carol Dweck, y explicados al detalle en su libro *bestseller* **«Mindset: la actitud del éxito»** (que te recomiendo enormemente que compres y leas) los conceptos de Mentalidad Fija y Mentalidad de Crecimiento se basan en lo que nosotros creemos que influye y determina nuestras habilidades, nuestros progresos y nuestros resultados. Al mismo tiempo se refiere a las habilidades que creemos que nacen con nosotros, versus las que somos capaces de adquirir con nuestro esfuerzo.

Aunque sí que es cierto que algunas personas nacen con cierta facilidad para algunas cosas, mientras que otros, nacen con habilidad para otras (lo que llamamos «talento natural») debemos aceptar que, prácticamente cualquier habilidad se puede desarrollar.

Los que triunfan en la vida poseen una serie de habilidades y en su gran mayoría, fueron adquiridos (no nacieron con ellas). Su propósito y determinación de triunfar les hizo entrenarse en áreas en las que sabían que tenían limitaciones y debilidades. La clave de todo es el *Mindset*: la manera cómo ves y cómo interpretas lo que tienes delante.

La Mentalidad Fija y la Mentalidad de Crecimiento podemos dividirla dentro de cinco áreas, según lo explica la Dra. Carol Dweck y veremos cómo interpretan cada una de estas áreas las personas que poseen cada uno de estos tipos de mentalidad:

MENTALIDAD FIJA		MENTALIDAD DE CRECIMIENTO
- Creen que las habilidades son algo con lo que naces y no se pueden cambiar.	Habilidades	- Creen que las habilidades provienen del trabajo duro, del esfuerzo y siempre pueden mejorarse.
- Creen que se deben evitar. - Creen que los retos es algo que podría revelar una carencia de habilidades en la persona.	Retos	- Aceptan los retos. - Los ven como una oportunidad para crecer. - Son más persistentes ante ellos.
- Piensan que es innecesario (*«¿Para qué me voy a esforzar?»*) - Piensan que es algo que se hace cuando no se es bueno en algo (*«si me tengo que esforzar es porque no soy bueno»*)	Esfuerzo	- Lo ven como algo que es fundamental. - Lo ven como un camino a la maestría.
- Se ponen a la defensiva cuando otras personas le dan retroalimentación sobre sus capacidades, resultados o su desempeño y se lo toman de una manera personal	Retroalimentación y opiniones de los demás	- Ven la retroalimentación de otras personas como algo útil. - Algo de lo cual se puede aprender. - Les permiten identificar ámbitos donde pueden mejorar.
- Los ven como algo a lo que deben culpar a otras personas; casi nunca es culpa de ellos. - Pierden el entusiasmo ante ellos.	Contratiempos	- Los ven como un llamado de alerta para trabajar más duro y para prepararse ante ellos.

*Cuadro de la Dra. Carol Dweck

Como puedes ver en el cuadro, una misma situación es interpretada de una forma por personas que tienen una Mentalidad fija y de otra forma totalmente distinta por personas con una Mentalidad de Crecimiento.

Lo más importante que debes extraer de esta información es que, todos, absolutamente todos nosotros, tenemos algo de mentalidad fija y algo de mentalidad de crecimiento, dependiendo de la situación. No todas las personas tienen una mentalidad de crecimiento para todo, ni tampoco una mentalidad fija para todo. De hecho, te vas a dar cuenta que hay ciertas situaciones en las que tú piensas como un triunfador -con una mentalidad de crecimiento-, y hay otras situaciones en las que piensas de una manera retrógrada, obtusa y tienes una mentalidad fija ante esas situaciones (es eso en lo que hay que trabajar para mejorar). Así que, usando como referencia el cuadro que viste anteriormente, haz un autoanálisis honesto y franco sobre tu mentalidad en diferentes situaciones.

Teniendo consciencia de las áreas en las que sueles tener principalmente una Mentalidad Fija, es importante que entiendas que absolutamente todo se puede cambiar y todo se puede mejorar. Para que podamos cambiar de una mentalidad fija a una mentalidad de crecimiento (en ciertas áreas), debemos estar dispuestos a salir de (o aumentar, como te lo recomiendo en este libro) nuestra zona de confort, de aquello que ya conocemos, de lo que nos hace sentir bien, cómodos y estables, porque son en esas áreas que generalmente tenemos una mentalidad más fija. Cuando alguien o algo nos saca de esa zona de comodidad, nos hace esforzarnos y nos hace ir más allá de lo que nosotros creemos que somos capaces, entonces allí podemos empezar a desarrollar una mentalidad de crecimiento en esas áreas.

En conclusión, no importa si crees que naciste con ciertas habilidades o ciertos talentos, hay muchas habilidades que, aunque no naciste con ellas, eres capaz de desarrollarlas.

Esto deriva la pregunta: ¿Un triunfador nace o se hace? Para ser un triunfador ¿Tengo que haber nacido con ciertas cualidades? o ¿Puedo crearlas, desarrollarlas a lo largo del camino?

Espero que luego de haber leído y comprendido los conceptos de mentalidad fija y mentalidad de crecimiento, ya sepas que algunas personas han nacido con ciertas habilidades y tienen facilidad para ciertas cosas de manera innata y natural, mientras que otros, quizá tenemos que esforzarnos más, estudiar más, equivocarnos más y experimentar más. No importa si alguien nació con ciertas habilidades, y otra persona se tiene que esforzar más, el resultado puede ser exactamente el mismo, lo único que cambiará, probablemente, es la cantidad de esfuerzo y tiempo que le tengamos que poner a la tarea.

Para finalizar quisiera invitarte a ver la conferencia TED de la Doctora Carol Dweck. Por favor búscala en internet (también te he puesto el enlace en la bibliografía de este libro) y así podrás aprender de su propia voz y de su propia boca, el mismo concepto que ella desarrolló y que he compartido contigo en estas páginas.

3 CAUSAS DE AUTOSABOTAJE QUE TE IMPIDEN ALCANZAR TUS METAS.

Estoy seguro de que te ha pasado lo mismo que me ha pasado a mí y que les ha pasado en algún momento a todas las personas más exitosas del mundo que, cuando te planteas una meta importante, sientes como que si una fuerza invisible te amarrara y no te dejara trabajar para conseguirla ¿cierto?

¿Por qué nos pasa tan frecuentemente que nos volvemos nuestro peor obstáculo? Nos auto-saboteamos nuestras propias metas y pareciera que, en el fondo, no quisiéramos conseguir eso que nos hemos propuesto. Pero ¿Será esa la razón? ¿Será que no queremos realmente conseguir lo que nos proponemos? No estaría mal que primero descartáramos ciertas razones haciéndonos estas preguntas:

Realmente y de verdad, ¿Quiero alcanzar esta meta? ¿Esto es algo que de verdad le aportará algo positivo a mi vida? ¿De verdad me hará feliz? ¿De verdad mejorará la calidad de vida, tanto mía como la de mi familia y de los míos en general? ¿Esto es algo que me hará sentir satisfecho/orgulloso/realizado? O más bien ¿Será que me estoy planteando una meta de los demás? Es decir ¿Será que me estoy planteando una meta que he visto que se han planteado otras personas y como los veo tan felices en las redes sociales, me digo «¡yo también quiero eso!»? «¡Yo también quiero vivir eso que estoy viendo que Pedro, Juan, Marta, o aquel que ni siquiera conozco, están viviendo, según lo que veo que publican en su Facebook o Instagram! ¿Por qué yo no puedo tener esa vida que ellos tienen?»

A veces nos planteamos metas que ni siquiera queremos, pero al ver que otros (supuestamente) han conseguido esa vida «ideal» que muestran en sus redes, nosotros también la queremos. Hay momentos en los que te dices «*¿Qué rayos pasa conmigo y con mi vida? ¿Por qué yo no tengo una vida tan feliz como se ve (en las redes sociales) que otros tienen, si yo trabajo y me esfuerzo tanto?*»

Es sumamente importante empezar preguntándonos y respondiéndonos con honestidad: «*¿*Es esta meta en realidad mía y realmente me hará feliz a mí? Si la respuesta es NO, entonces ya sabemos que debemos descartarla y no perderemos tiempo, energía, dinero ni cualquier otro recurso en tratar de alcanzarla.

Probablemente te ha pasado que, después que alcanzaste una meta que «tanto» querías, te quedaste esperando a sentir algo más de realización, algo más de satisfacción y, la verdad, te sentiste más bien vacío. Es allí cuando caes en cuenta que, probablemente, te habías planteado un capricho y no una meta. Trabajaste por conseguir un deseo superficial y banal, pero no algo que aporta mayor calidad a tu vida. Esto forma parte del proceso y es parte del descubrimiento que todos hacemos a lo largo de nuestra vida.

Atención: es sumamente importante experimentar muchas cosas distintas y en áreas distintas porque es imposible saber lo que realmente queremos si no experimentamos y si no nos exponemos a otras cosas. Por ejemplo: si nunca en tu vida has viajado, probablemente dirás: «*Para mí no es importante viajar. Viajar no mejorará mi calidad de vida*», cuando en realidad, te estás perdiendo un montón de cosas maravillosas por nunca haber viajado, por nunca haber interactuado con otras culturas y lugares diferentes; como nunca has tenido la oportunidad de probar lo que sientes y obtienes al viajar, crees que es algo que no te aportará nada y lo descartas de tus metas.

Esta fase de experimentación (que, en realidad, nunca acaba o probablemente acabe en una edad ya avanzada) nos va aclarando lo que queremos y lo que no queremos, nos ayuda a distinguir lo que probablemente sea un capricho, en vez de una meta que realmente nos aportará valor.

Cuando ya tengas claro que una meta sí le aportará valor a tu vida, que realmente sí te dará una gran satisfacción, pero en el proceso de conseguirla, comienzas a sentir fricción, comienzas a sentir esa fuerza invisible que no te permite trabajar por lo que quieres, entonces debemos ir a fondo para descubrir lo que la está causando.

Aunque existen muchas razones, excusas y obstáculos que nos ponemos nosotros mismos y que nos impiden alcanzar nuestras metas, en mi opinión, hay 3 causas principales y son ellas las que probablemente sabotean muchas de nuestras metas importantes. Veamos cuáles son:

1. El Conflicto:

Estás sintiendo algún tipo conflicto interno, probablemente sin saberlo. Podrías estar teniendo un conflicto de metas, un conflicto de valores o un conflicto de metas vs. valores.

En el caso de conflicto de metas, generalmente se produce cuando queremos conseguir algo que contradice o impide alcanzar otra de nuestras metas. Por ejemplo:

Una persona se plantea la meta de pasar la mayor parte del día con su familia, disfrutando de al menos 10-12 horas al día de calidad con su pareja, hijos, padres o inclusive, con sus mejores amigos, pero al mismo tiempo, esa persona se ha planteado la meta de ascender lo más alto posible en su carrera o de hacer crecer su negocio hasta una facturación anual de 100 millones de dólares/euros, o quizá, se ha puesto la meta de ganar las olimpiadas en una disciplina deportiva que lleva entrenando desde su infancia.

Cualquiera de esas metas requiere invertir mucho tiempo al día en conseguirla y, por lo tanto, entra en conflicto con la meta de pasar muchas horas con su familia o amigos; solamente tenemos 24 horas en un día, de las cuales, alrededor de 8-10 las pasamos descansando y en nuestras actividades privadas. Le faltarían horas a esta persona para poder alcanzar ambas metas en simultáneo.

En este caso, la meta que tenga mayor importancia intentará sabotear a la otra, pero el sentimiento de culpa o el deseo de alcanzar también esa otra, saboteará la que tiene mayor importancia y ambas se alcanzarán de una forma mediocre o probablemente, no se alcance ninguna de las dos.

El otro tipo de conflicto es de valores; quizá tenemos valores que chocan entre si o que inclusive, chocan con nuestras metas. Valor es todo aquello a lo que le damos importancia en la vida, todo aquello que respetamos y todo lo que nos sirve de alguna manera de brújula o guía para distinguir lo que está bien y lo que no está bien.

Como los valores son bastante subjetivos y lo que para algunos es un valor positivo, para otros puede ser algo negativo (por ejemplo, la ambición es un valor positivo para muchas personas, pero para otras, es una cualidad deplorable) cada uno de nosotros debe decidir lo que realmente tiene valor en nuestra vida.

Por esto, es sumamente importante hacer una declaración o manifiesto de valores y este es uno de los ejercicios más reveladores de mi taller presencial «Programando tu Mente para Triunfar» (www.triunfar.co) y cuando lo hacemos presencialmente, es mucho más impactante, porque hay personas que entran en contacto directo con cosas que ni sabían que valoraban, hay otras que realmente se sinceran con ellas mismas y a partir de allí ocurre una transformación muy bonita, emocional y duradera. En la segunda parte de este libro te hablaré un poco más a fondo del tema de los valores.

Cuando entramos en conflicto, no siempre hace falta descartar ni cambiar nuestras metas o valores, sino que debemos establecer prioridades. Si uno de tus valores principales (o el más importante) es la unión familiar, la buena relación entre padres, hijos, hermanos, etc., pero al mismo tiempo es importante para ti la riqueza, la prosperidad y la abundancia, entonces tendrás que sacrificar tiempo con tu familia para alcanzar muchas metas de riqueza, sabiendo que, al hacer este sacrificio, posteriormente vas a poder darles una mejor calidad de vida.

Evidentemente, debemos hacerlo con estrategia y poniéndonos ciertos límites (hay personas que se pierden la niñez de sus hijos o pierden los últimos años de vida de sus padres por estar en la constante búsqueda de la riqueza). Podríamos crear un plan en el que nos demos un plazo de cuatro o cinco años (dependiendo de muchos factores) para trabajar en nuestras metas profesionales y financieras, que le darán una mayor calidad de vida, comodidad y tranquilidad a nuestra familia, pero sin descuidarlos durante esos años (definiendo bien nuestra agenda diaria, semanal y mensual, asegurándonos que incluimos tiempo de calidad con ellos como parte de nuestro día a día) para, luego que pasen esos años que hemos establecido, disfrutar de las recompensas y pasar mucho más tiempo con nuestra familia y menos tiempo en nuestras metas profesionales y económicas.

Uno de mis valores más importantes es la retribución social y el altruismo. Actualmente soy padrino de varios niños en África a los que les pago su educación y también soy voluntario con asociaciones de protección animal, donándoles comida y cuidando en mi casa a gatitos que están a la espera de adopción. Hacer todo esto sería mucho más difícil si estuviese en la quiebra; sería imposible pagarle la educación a niños en África como lo estoy haciendo actualmente con la asociación Helpo de Portugal y la asociación «Por una Sonrisa en África» de España. Por esto, hace varios años me dije: *«yo necesito tener estabilidad económica para poder contribuir y hacer realidad muchos de los sueños sociales y humanitarios que tengo»* y pronto (dentro de aprox. 2 años), voy a construir una escuela en Mozambique. Esto no sería posible si no le hubiese dado primero valor, de forma estratégica, al trabajo arduo, a la prosperidad y a la abundancia y así poder cumplir o desempeñar los otros valores que son importantes para mí.

Así que, te sugiero que te autoanalices con detenimiento y determines si tienes algún conflicto de valores o de metas; luego, ve de qué manera tienes que organizar estratégicamente tus actividades, para que puedas ir marcando como «completadas» las que te permitirán cumplir y satisfacer tus otros valores.

2. Las Creencias:

Todos tenemos creencias limitantes (o limitadoras) y creencias «empoderantes» o «empoderadoras» (ninguna de estas últimas dos palabras existe en el diccionario porque son anglicismos, pero se han vuelto muy populares en los últimos años). Todos creemos en algo que nos da fuerza y que nos vuelve indetenibles y, al mismo tiempo, tenemos creencias que nos mantienen presos y nos impiden hacer lo que realmente debemos hacer.

Quiero que por un momento te olvides de lo que es verdad y de lo que es mentira; hablemos únicamente acerca de lo que creemos y de lo que no creemos. Por ejemplo, olvídate que es verdad que Dios existe o que es mentira que Dios existe, simplemente piensa: ¿CREES que Dios existe? ¿Sí o no?

¿Qué te produce esa creencia? A cada persona le producirá algo similar o algo muy distinto, pero muy probablemente, muchos de los que creen en Dios, se sienten protegidos, amparados, guiados, apoyados, amados y, además, con una misión, con un compromiso espiritual y con la esperanza de una vida eterna en el paraíso. Por otro lado, los que no creen en Dios, probablemente también se sienten (por otras razones y por otras personas) protegidos, amparados, guiados, apoyados, amados y, además, con una misión y con la esperanza de una vida mejor en el futuro. Lo que sea verdad o no, da igual. Lo que importa es lo que creemos, lo que sentimos con lo que creemos y los que hacemos a causa de eso que creemos.

La percepción de la realidad es mucho más importante que la realidad.

Hay muchas creencias limitantes que son como una barrera que nos separa de lo que queremos alcanzar y esto se empeora, o se mejora, según nuestro diálogo interno. El diálogo interno es la conversación que tenemos con la vocecita que todos llevamos dentro, es aquel intercambio de argumentos, razones, advertencias, creencias y excusas que tenemos con nosotros mismos. Lamentablemente, nuestro diálogo interno pasa mucho tiempo hablando de lo malo, de los miedos, de lo que nos preocupa, de lo que nos falta, etc. Es normal, forma parte de nuestra supervivencia; la mente quiere protegernos de todo lo malo y por eso está constantemente hablándonos de ello, pero podemos entrenarnos para equilibrar nuestro diálogo interno y hacer que piense más frecuentemente en lo bueno.

Hace algún tiempo me leí un libro llamado «*Unbreakable*» (Inquebrable) de Thom Shea. Él es un Navy SEAL (aquellos militares estadounidenses que son entrenados para las situaciones de mayor peligro y riesgo), y él comenta que, para un SEAL, el diálogo interno es sumamente importante y podría causarle la muerte en situaciones de mucha tensión.

Casi todas las creencias limitantes nos las inculcaron nuestros padres, otros familiares, amigos, profesores, el gobierno, los medios de comunicación, las películas y series de TV. Aquellas que no nos fueron inculcadas por nada o nadie, provienen de conclusiones que sacamos nosotros mismos sobre ciertas situaciones, la interpretación que le damos a lo que sentimos ante ellas y también, provienen de inseguridades que tenemos en nosotros mismos. Aquellas experiencias del pasado, generalmente malas, aquellos tragos amargos que no se olvidan y que dejan huella en nuestra personalidad, contribuyen a que nos formemos muchas de esas creencias limitantes.

Como dijo Henry Ford *«Tanto si crees que puedes, como que no puedes, tienes razón»*. Si crees que puedes, podrás; si crees que no puedes, no podrás (suena fácil; lo difícil es aplicarlo). Algo similar dice el autor Joe Vitale (conocido por el libro y la película de «El Secreto»), él dice: *«Si no sabes que puedes, entonces no puedes; si no sabes que no puedes, entonces sí puedes»* y es un excelente ejemplo de cómo funciona nuestra mente. Cuando no sabemos (o no nos creemos) que podemos, entonces no haremos nada para conseguirlo. Cuando sabemos (o creemos) que algo es posible, hacemos todo lo que esté en nuestras manos para conseguirlo.

¿Crees que puedes ganarte la lotería? Muchas personas lo creen y por eso, cada semana, se gastan su dinerillo comprando el billete de lotería que los hará millonarios. ¿Crees que puedes tener un negocio que te haga millonario? Muchas personas no lo creen y por eso, cada semana, se gastan su dinerillo comprando el billete de lotería que los hará millonarios.

La frase más cliché de este libro: *«Lo que crees, lo creas; lo que no crees, no lo creas»*

Existen muchísimas creencias limitantes que te impiden tomar la acción correcta y que, probablemente, te hacen comprar ese billetito de lotería cada semana, porque «crees» que esa será la única manera de tener «tranquilidad» financiera. Esto no se aplica solo al dinero, también se aplica a la salud, a las relaciones personales, a tu autoestima, etc., etc., etc.

Muchas veces no tenemos que eliminar una creencia que nos limita; basta con aprender a reencuadrarla.

El reencuadre de creencias es mucho más fácil, rápido y efectivo que eliminarlas, y por eso en mi taller de 3 días «Programando tu mente para triunfar» (triunfar.co) trabajamos en reencuadrar creencias, porque una creencia que tengas desde que eras niño, no las vas a cambiar en 3 días de taller conmigo, pero sí te puedo ayudar a reencuadrar esas creencias que tienes para que no te limiten. En la tercera parte de este libro te hablo un poco más a fondo sobre el reencuadre (Es una de las «R's»)

Es importante que cuando te plantees tus metas, seas honesto contigo mismo y escribas todas tus creencias, buenas o malas, que tengan alguna relación con esas metas que te has propuesto.

Debemos considerar nuestras creencias internas (de nosotros, sobre nosotros, hacia nosotros) y también las creencias externas: del mundo, de la sociedad, de la economía, de la política, del dinero, de los inmigrantes, etc.

Te sugiero que comiences por las internas: ¿Qué crees de ti? ¿Cómo te ves a ti mismo? ¿Cuáles crees que son tus debilidades? ¿Cuáles son tus dones y talentos? ¿Cuáles crees que son tus defectos de «fábrica»? (algunos creen que vienen con defectos de nacimiento) ¿Cómo (todo eso) influirá en tus metas?

No te quedes únicamente en las creencias negativas que tengas sobre ti; incluye también las positivas, todo aquello bonito, de valor, por lo que te sientes orgulloso, aquellas creencias que te hacen sentir bien y, sobre todo, incluye aquellas que tú consideras que son empoderadoras, pero la sociedad, tus padres, la escuela, los gobiernos, o las religiones te han inhibido de manifestarlas.

3. El Miedo:

En mi libro **«Triunfar con miedo: Cómo tomar acción sin que el miedo sea una limitación»** le dedico casi 300 páginas a este tema (lo puedes encontrar en Amazon o en TriunfarConMiedo.com), así que, en vez de repetir todo lo que ya compartí en ese libro, en esta ocasión, solamente quiero recordarte que el miedo es algo que, absolutamente todas las personas sentimos, debemos aceptarlo y aprender a tomar acción, aunque sintamos miedo.

Hay personas que le tienen miedo al fracaso, otras les tienen miedo a las críticas (al «qué dirán») e inclusive, algunos le tienen miedo al éxito (a la responsabilidad asociada al éxito, a tener que asumir nuevas tareas y nuevos roles asociados al éxito). No importa a lo que le temamos, debemos aceptar que el miedo forma parte de nuestra vida y de la vida de las personas más exitosas del mundo. Debemos ver el miedo como lo que realmente es: un sistema de alerta que nos protege de lo malo y nos ayuda a prepararnos ante esas posibles situaciones de «peligro».

Tenerle miedo al miedo es lo que paraliza a muchos y tenerle miedo a lo desconocido o a la incertidumbre, empeora la situación. Como dijo C. Joybell C.: *«No tengas miedo de tus miedos. No están allí para asustarte. Están allí para hacerte saber que algo vale la pena».*

Debemos entrenarnos para poder vivir en la ausencia de una certeza absoluta. Ser un triunfador requiere dar muchos pasos sin tener ni la menor idea de cuál será el resultado, sin saber si las cosas van a salir bien o mal y ser capaz de asumir ciertos riegos y de experimentar el miedo como parte de la aventura.

Cuando estamos delante de un reto, de una meta o de algo grandioso que nos produce mariposas en el estómago, nuestro instinto de supervivencia se encarga de proyectar en nuestra mente todo lo malo, lo peor, lo que nos podría causar algún daño, y ¡Eso está muy bien! Gracias a ese miedo es que hoy seguimos vivos, pero debemos ir más allá e interpretarlo a fondo, para descubrir lo que está realmente detrás de nuestros temores y poder usarlo a nuestro favor.

Cobarde es aquella persona que siente miedo y se deja paralizar por él. Valiente es aquel que, estando cagad* de miedo, hace lo que tenga que hacer para triunfar, a pesar del miedo.

Es importante reconocer cuáles de tus miedos son racionales y cuáles son irracionales. Cuando no encontramos una explicación realmente lógica y de peso, sino que, simplemente nos decimos *«Tengo miedo»* y cuando nos preguntamos *«¿Por qué siento miedo?»* nuestra respuesta es *«No lo tengo muy claro, pero tengo miedo»*, o nos respondemos con una grandísima y ridiculísima excusa, entonces, en el 99% de los casos, es un miedo irracional.

Aquellos miedos que sí tienen respuesta, como, por ejemplo: *«Tengo miedo de perder mi dinero en esta inversión porque son los únicos ahorros que tengo y podría poner en riesgo a mi familia en caso de una emergencia médica o de cualquier otro tipo»* en estos casos, el miedo nos está ayudando, nos está sirviendo como sistema de alerta; es como aquel cartel o señal en la carretera que nos dice *«¡Cuidado! ¡Curva pronunciada!»* o *«¡Cuidado! ¡Pavimento resbaladizo!»*. Gracias a esas advertencias de nuestro cerebro, podemos prepararnos ante esas posibles situaciones de peligro.

Lo más importante que debes recordar es que el miedo es tu amigo, no tu enemigo; el miedo no es un monstruo de 4 cabezas que sale del armario por la noche, al contrario; el miedo está allí para prevenir que nos hagamos daño, no para paralizarnos.

El miedo siempre ha sido para mí una brújula, un medidor y una alarma. Una brújula que me muestra el camino de la aventura; si alguna situación o decisión me hace sentir miedo, es porque representará, con toda la seguridad, un viaje lleno de emociones fuertes.

Un medidor que calcula y evalúa qué tan importante es algo para mí. Solo en aquellas situaciones y decisiones que no siento miedo es que me descuido, porque carecen de importancia para mí. Si me asustan, entonces son importantes y merecen mi total atención.

Una alarma que me protege de lo malo y que me despierta cuando me duermo en los laureles. El miedo me avisa cuando debo protegerme de alguna situación y hace que el sistema de activación reticular de mi cerebro encuentre salidas de emergencia y colchones que amortigüen las caídas. Sin esa alarma, me haría daño al lanzarme.

El miedo no me impide que me lance; me mantiene enfocado, preparado y con la adrenalina necesaria para tomar decisiones en milisegundos y ajustar el rumbo rápidamente cuando sea necesario.

El cobarde se queja que el viento es demasiado fuerte; el cómodo espera a que el viento cambie a su favor; el valiente ajusta las velas, se agarra con fuerza al timón y navega lejos.

Sé valiente y date el permiso de c*garte de miedo mientras tomas acción de manera masiva para alcanzar tus metas.

SEGUNDA PARTE:
DEFINIENDO LO QUE REALMENTE QUIERES

Muchas personas fracasan porque saltan de meta en meta, de oportunidad en oportunidad y de capricho en capricho.

Para que esto no te suceda, debemos definir con exactitud lo que queremos realmente.

Lo difícil es saber distinguir entre lo que realmente queremos y lo que hemos estado creyendo todo este tiempo que queremos, bien sea porque nuestra familia lo espera o porque el vecino, amigo o «*influencer*» lo tiene (y a nosotros nos apetece también tenerlo).

En vez de perseguir metas o sueños de otras personas, vamos a definir lo que realmente nos traerá verdadera satisfacción y lo que nos llevará a vivir la vida al máximo.

COMIENZA POR TUS VALORES

«Tus valores definen quién eres realmente. Tu identidad real es la suma total de tus valores.» Assegid Habtewold

Antes de decidir qué queremos hacer y cuáles queremos que sean nuestras metas y objetivos, debemos concientizar, analizar y tomar en cuenta cuáles son nuestros valores personales, nuestros valores morales, e inclusive, nuestros valores sociales.

Muchas personas no logran lo que se proponen por un conflicto entre metas y valores. Parte del autosabotaje que muchos hemos sufrido (cuando nosotros mismos somos nuestro peor obstáculo) nace a partir del conflicto interno de intereses que se genera cuando nos hemos planteado una meta que lucha o se interpone con alguno de nuestros valores más importantes.

Para que esto no suceda, podemos, bien sea, replantear nuestra meta o reencuadrar nuestros valores.

¿Qué son los valores? Los valores son, básicamente, todo aquello que rige nuestra vida, todo aquello que tomamos (de una manera consciente o inconsciente) en consideración a la hora de decidir qué hacer, qué no hacer, lo que nos parece correcto o incorrecto y de qué forma nos comportaremos en una determinada situación. Los valores son nuestra brújula y guía en la vida.

Aunque existen muchísimos valores, en el siguiente cuadro verás una lista con los más comunes en las personas:

VALORES MÁS COMUNES EN LAS PERSONAS:

Abundancia	Educación	Independencia	Pasividad
Aceptación	Efectividad	Individualidad	Perfección
Altruismo	Eficiencia	Influencia	Perseverancia
Belleza	Elegancia	Justicia	Prosperidad
Benevolencia	Fama	Juventud	Racionalidad
Bienestar	Familia	Lealtad	Rapidez
Cambio	Fe	Libertad	Retribución
Caridad	Felicidad	Liderazgo	Sacrificio
Ciencia	Ganar	Madurez	Salud
Comodidad	Generosidad	Matrimonio	Satisfacción
Dependencia	Gratitud	Modestia	Trabajo en equipo
Desafío	Habilidad	Optimismo	Tranquilidad
Descansar	Heroísmo	Orgullo	Valentía
Descubrimiento	Humor	Originalidad	Verdad

Hay personas que le llaman instinto, hay otras que le llaman educación de su familia, pero básicamente, los valores son aquello que nos permite saber si estamos haciendo lo correcto y distinguir entre el bien y el mal. Por esto, es sumamente importante que tengamos en cuenta nuestros valores para definir qué es lo que realmente queremos alcanzar.

Cabe destacar que los valores, no siempre son cualidades positivas o «buenas»; hay personas que tienen valores negativos o nocivos, porque en realidad, un «valor» es algo a lo que una persona le da importancia y, desde luego, le da valor. Así que, no debemos creer que los valores son únicamente positivos; también hay valores negativos y cada persona, en su propia posición, postura o perspectiva, decide si uno o varios de sus valores son positivos o negativos (puede que alguno de mis valores positivos tú los consideres negativos y viceversa).

¿Qué es lo que consideras más importante en la vida? ¿A qué le das mayor valor? ¿Qué es aquello que no puede faltar en tu vida? ¿Qué es aquello que nunca podrá, de ninguna forma, debilitarse en tu vida para que consideres que estás obteniendo del mundo lo que se suponía que debías obtener y que te inspire a darle al mundo lo mejor que tienes dentro de ti para hacer la vida, tanto tuya como la de tus familiares y la de las demás personas, muchísimo mejor?

Hay muchos valores distintos y cada uno es importante para nosotros, pero solemos darles más importancia o prioridad a algunos por encima de otros. Para algunos la espiritualidad es más importante que la belleza; para otros, la amistad, el amor y la familia están por encima de la riqueza o el dinero; hay muchísimos valores y es sumamente importante que definas cuáles son aquellos que tienen mayor prioridad en tu vida.

En unos momentos te voy a sugerir que hagas un ejercicio de declaración de valores, pero antes, considero conveniente (e importante) hablar de ciertas creencias que todos tenemos y comenzaré por una sumamente obvia y común: «el put* dinero».

Muchísimas personas tienen una relación Amor-Odio con el dinero. Sin dinero, nadie puede vivir; sin suficiente dinero, nadie puede vivir cómodamente; sin mucho dinero, pocos podrán vivir sus más profundos y grandiosos sueños (crear una fundación de ayuda a los pobres, viajar por todo el mundo, darles la mejor educación escolar y universitaria a sus hijos, etc.).

Siendo el dinero tan importante en nuestra vida: ¿Por qué tantas personas lo ponen tan abajo en su escala de valores? Peor aún: ¿Por qué hay personas que lo sacan por completo de su lista de valores? Lo más probable: por falsas creencias acerca del dinero.

La sociedad, la familia y la religión, muchas veces, nos ha hecho creer que el dinero es malo, que por culpa del dinero hay guerras, hay corrupción, hay maldad, etc. Eso equivale a decir que, por culpa de la comida, hay obesidad, obstrucciones coronarias, problemas de colesterol y diabetes. El dinero no es malo; hay personas malas que hacen cosas malas con y por el dinero. Si tú eres una buena persona y usas el dinero para bien (en vez de para mal) el dinero debería estar en los primeros lugares de tu lista de valores, porque con mucho dinero, le darás una mejor vida a tu familia, a tus amigos, a la sociedad y, desde luego, a ti mismo.

Otra creencia que suele entrar en conflicto con los valores de algunas personas es la humildad. Muchas personas creen que ser humilde consiste en no levantar mucho la cabeza, mantener una postura algo sumisa, no tener grandes aspiraciones ni ambiciones y, sobre todo, no destacar demasiado. Evidentemente eso es una creencia falsa y limitante, porque podemos ser ambiciosos y humildes, sin que entren en conflicto esos valores, entre ellos.

La definición de humildad del diccionario de la RAE dice: «*Virtud que consiste en el conocimiento de las propias limitaciones y debilidades y en obrar de acuerdo con este conocimiento.*» Para ser humildes, simplemente debemos aceptar que tenemos ciertas limitaciones y que no somos una especie de Dios en la tierra; somos seres humanos imperfectos, con defectos y debilidades y al tener consciencia de ellos, estamos siendo humildes. No sé si estés de acuerdo conmigo, pero es perfectamente compatible darle importancia al valor de la humildad y al mismo tiempo, al de la ambición, riqueza y abundancia. No entran en conflicto entre sí.

Dicho esto, es importante reconocer cuándo podríamos estar teniendo creencias falsas o limitantes en relación con ciertos valores, para que eso no nos impida conseguir lo que realmente queremos, por una mala interpretación de ciertos valores.

Ahora paremos al ejercicio que te comentaba antes en el que harás tu declaración de valores.

Para que te sirva de referencia, quiero compartir contigo mi declaración personal de valores:

«*Yo, Alex Kei, soy una persona que valora las relaciones basadas en la confianza, honestidad y franqueza. El crecimiento personal y profesional constante es parte fundamental de mi vida y el empeño, esfuerzo y determinación me ayudan a conseguirlo de una forma eficiente y con la mayor calidad posible. Soy una persona sumamente ambiciosa que trabaja con rigor a diario para crear riqueza, prosperidad y abundancia, que me permita darle a mi familia una vida cómoda, libre de preocupaciones económicas, que me ayude a hacer realidad y disfrutar mis mayores sueños y me permita aumentar mi grado actual de generosidad, altruismo y retribución social, ya que, podré hacerlo en mayor medida y a mayor escala, dejando una huella positiva y creando un impacto positivo en el mundo.»*

Esta declaración personal de valores me sirve de manifiesto o de «reglamento» y es lo que me permite mantener alineadas mis metas con mis valores. Si se me ocurre alguna meta que pudiera entrar en conflicto con esa declaración, la descarto. Si se me ocurre alguna meta que pudiera entrar en conflicto, pero no me doy cuenta y la mantengo, entonces surgirá el autosabotaje y mi subconsciente estará constantemente interponiéndose para que no logre alcanzarla.

¿Ves la importancia de crear esta declaración de valores? Lo hacemos para no plantearnos metas conflictivas y para saber si el autosabotaje está surgiendo por un conflicto entre los valores y las metas, o si está surgiendo por falsas creencias.

Identifica cuáles son tus principales valores; utiliza tu intuición y sin pensar demasiado, haz una lista de los que predominan en tu vida: ¿Qué es lo que realmente tiene valor para ti? ¿Qué es lo que más respetas? ¿Qué es lo que más admiras? ¿Qué es lo que te impone límites positivos? (límites que te ayudan a mantenerte dentro de lo que tú consideras que te hará mejor persona).

Hacer este proceso y esta declaración de valores te permitirá saber si tus metas van en concordancia y coherencia con lo que quieres de la vida y con lo que tú quieres aportarle a ella.

TU PROPÓSITO DE VIDA

«Nunca hay viento favorable para el que no sabe a dónde va».
Séneca

Algunos creen que todos nacemos con un propósito, con una misión. Otros defienden que no nacemos con tal cosa, sino que nosotros mismos decidimos cuál será nuestro propósito en esta vida.

Sea como sea, debemos tener una razón de existir, una misión clara que queremos ejecutar y cumplir en la vida. Plantearnos metas solo porque tenemos la obligación de hacerlo, no nos llevará muy lejos, pero si nos planteamos metas que contribuyan a cumplir nuestro propósito de vida, entonces estaremos avanzando hacia una dirección muy concreta, en vez de dar vueltas en círculos sin saber realmente hacia dónde queremos y debemos ir.

¿Alguna vez te has preguntado cuál es tu propósito en esta vida? ¿Por qué estás aquí en este planeta? ¿Por qué y para qué naciste? ¿Cuál es tu misión en esta vida?

Hay personas que se han hecho estas preguntas, pero no saben responderlas. Hay otras que se creen tan insignificantes que piensan que no tienen ninguna misión ni razón clara de existir, cuando hasta la más pequeña hormiga o el más pequeño microbio, tienen una misión, una razón y un propósito en esta vida.

Los que han sentido un llamado natural de servicio en esta vida, generalmente ya saben a dónde quieren llegar, pero los demás, deben definir y diseñar esa vida de servicio que les aportará valor a los demás, que mejorará el mundo de alguna forma (por más pequeña que sea) y que les traerá mucha satisfacción personal.

Podríamos decir que nuestro propósito de vida es una mezcla entre nuestros talentos, lo que nos apasiona hacer y lo que podemos aportarle a la humanidad y al mundo. Ese punto de intersección podría convertirse en nuestro propósito de vida.

TU PROPÓSITO:

Como decía el escritor alemán Goethe «*Una vida sin propósito es una muerte prematura*». No podemos vivir la vida sin un propósito claro, debemos identificarlo y en base a él, establecer nuestros objetivos, plantear nuestras metas y trabajar para conseguirlas.

Los japoneses tienen una palabra que define esta idea del propósito de vida de una forma muy clara y al mismo tiempo, bastante profunda. La palabra es: *Ikigai (生き甲斐)*.

Según los japoneses (y yo estoy 100% de acuerdo) todos tenemos un *Ikigai*, que se define como «razón de vivir/existir» o también como «razón de ser».

Según un estudio realizado por Riichiro Ishida y publicado en el Diario Global de Ciencia de la Salud, Vol. 4, no. 5.: 120 (2012) existe una relación directa entre el bienestar de las personas y la presencia de un *Ikigai* claramente definido. Fue probado estadísticamente que las personas que tienen un *Ikigai* (y viven en base a él, para cumplirlo, alcanzarlo y mantenerlo) tienen niveles de estrés más bajos que aquellos que no lo tienen y se sienten más saludables de forma general. También fue demostrado que las personas sin un *Ikigai* tienen más probabilidades de desarrollar enfermedades coronarias, mientras que aquellos que han definido y tienen claro cuál es su *Ikigai*, segregan más neurotransmisores como la Dopamina, Serotonina y β-endorfinas.

TU *IKIGAI*:

Algunas personas encuentran (o definen) su *Ikigai* a muy temprana edad, mientras que otros, lo encuentran luego de mucha experimentación, exposición a cosas nuevas, muchos fracasos y decepciones. No importa cuánto tiempo te tome, pero si aún no sabes cuál es tu *Ikigai*, comienza hoy mismo a definirlo.

EXPLOTA TUS VERDADEROS TALENTOS

¿Sabes por qué tanta gente es infeliz, inepta, mediocre e incompetente? Aunque existen mil razones, muchas de ellas tienen la misma base: hay muchos artistas haciendo trabajo de científicos; muchos atletas haciendo trabajo de oficina; muchos comunicadores excelentes trabajando en una fábrica y muchos «cerebritos» trabajando de taxistas.

Hay mucho talento desaprovechado en este mundo por malas decisiones, tanto propias como ajenas. Hay muchísima gente que debería explotar al máximo sus talentos y desechar el resto.

Desde niños hemos sido constantemente presionados (por nuestros profesores, padres, etc.) para que mejoremos en aquellas áreas en las que somos malos. Siempre me ha parecido absurdo que, en la escuela, esperen que tengamos buenas calificaciones en absolutamente todas las asignaturas, cuando en realidad, lo lógico sería que tengamos muy buenas calificaciones en una o dos materias, y una calificación mediocre o pésima en todas las demás. Eso nos permitiría saber desde niños cuáles son las áreas en las que podemos destacar siendo adultos.

Debemos ser suficientemente buenos en muchas áreas, pero excelentes en las que tengamos mayor facilidad, vocación y talento. Eso es lo maravilloso de vivir en sociedad, que entre todos nos complementamos y podemos aportarles nuestros mejores talentos a aquellos que no los tengan y ellos nos aportarán sus mejores talentos, los que nosotros no poseemos.

Hay un proverbio africano que dice: «*Si quieres llegar rápido, camina solo; si quieres llegar lejos, camina acompañado*». Siempre me ha gustado ese proverbio porque me parece que define excelentemente bien nuestro recorrido en la vida. Sí que es cierto que cuando vamos solos, podemos tomar decisiones más rápidamente, podemos cambiar de rumbo a último momento, sin consultarlo con nadie, pero cuando vamos acompañados, cada uno de los miembros del grupo cumple un papel y cada uno brilla en su área.

El Dr. Terry Orlick, especialista en psicología del deporte y del entrenamiento mental de los atletas olímpicos, definió un concepto llamado «**Zona de Excelencia**». Nuestra Zona de Excelencia es aquella en la que podemos desempeñarnos aplicando nuestras mejores habilidades, donde tenemos más experiencia, profundos conocimientos, aquello que hacemos mejor que la mayoría de las personas, porque lo hemos hecho tantas veces que, nos hemos vuelto maestros en esa área; hemos fallado tantas veces que hemos aprendido de nuestros errores y por eso somos tan buenos.

Sin embargo, hacer aquello que esté dentro de nuestra zona de excelencia no necesariamente nos hace felices; hay personas que son excelentes limpiando pescado en la pescadería, porque llevan años haciéndolo todos los días y aunque son excelentes en ese trabajo, no están contentos. Lo mismo sucede con muchos deportistas, son excelentes en sus disciplinas porque practican varias horas al día, todos los días, pero no están contentos, sienten que les falta algo en la vida y por eso es tan común que algunos deportistas, en el auge de su carrera, decidan retirarse, porque aquello que están desempeñando en su zona de excelencia, no los hace felices

Gay Hendricks (psicólogo, escritor y profesor estadounidense) en su libro «*The Big Leap*» («El gran salto») describe otras 3 zonas, además de la Zona de Excelencia que menciona el Dr. Orlick:

1. Zona de incompetencia: tiene que ver con aquello que no entendemos, aquello en lo que no tenemos suficientes conocimientos, no tenemos las habilidades necesarias para hacerlo bien y somos extremadamente mediocres en el desempeño de esas actividades que se encuentran dentro de nuestra zona de incompetencia.

2. Zona de competencia: es la zona donde hacemos nuestro trabajo de manera eficiente y suficientemente bien. Sin embargo, hay muchas otras personas que son mejores que nosotros y muchísimas que son tan eficientes como nosotros en esa área, lo cual nos hace totalmente dispensables al no poseer ningún talento o habilidad especial. No nos destacamos ni sobresalimos de ninguna manera en esa zona de competencia, simplemente, lo hacemos «bien».

3. Zona de genio: también conocida como **«Zona de genialidad»** es aquella donde hacemos, no solamente las actividades en las que somos muy buenos y en las que tenemos mucha práctica, sino también, en las que tenemos un gran talento. Son aquellas habilidades innatas que no han requerido demasiada práctica y que se nos hacen sumamente fáciles y naturales de ejecutar.

Por ejemplo, una persona que toca algún instrumento musical muy bien porque invierte muchas horas al día practicando, mientras que hay otra que, con tan solo unos pocos minutos de práctica al día, llega al mismo nivel de aquella que practica muchas horas diarias. La primera persona toca la guitarra dentro de su Zona de Excelencia, mientras que la segunda, la toca dentro de su Zona de Genialidad.

En una entrevista para la revista Forbes, Gay Hendricks dijo: *«La mayoría de las personas exitosas trabajan dentro de la Zona de Excelencia, la zona en la que tienen excelentes habilidades adquiridas a través de la práctica y la experiencia, pero generalmente, son infelices, están descontentos con su vida o no tienen gusto ni satisfacción por lo que hacen. Mientras que la Zona de Genialidad es aquella en la que trabajan con gusto, prácticamente sin ningún esfuerzo, son buenos y se vuelven mejores con la práctica, pero a diferencia de la Zona de Excelencia, trabajar en su Zona de Genialidad les da total satisfacción».*

Para triunfar a lo grande y al mismo tiempo, disfrutar del proceso, debemos desempeñarnos en nuestra Zona de Genialidad. Para encontrarla, Hendricks recomienda que nos hagamos tres preguntas:

1. ¿Cuál trabajo hacemos que realmente ni nos parece trabajo?: ¿Cuáles son aquellas actividades que haríamos sin recibir un pago a cambio? Las disfrutamos tanto y se nos hace tan natural, que nos daría igual que nos paguen o no.

2. ¿Qué nos produce la mayor satisfacción en relación con la cantidad de horas que pasamos haciéndolo?: ¿Qué es lo que nos produce mayor satisfacción mientras más tiempo lo hacemos? Aquellas actividades que hacen que el tiempo se nos pase rapidísimo, casi sin darnos cuenta.

3. ¿Cuál es nuestra habilidad única?: ¿Qué es aquello que hacemos muy bien y mejor que la mayoría de las personas? No se trata de una habilidad que nadie más tenga, sino aquella que nos sale naturalmente. Probablemente eres sumamente sociable y te ganas la confianza y simpatía de las personas con mucha naturalidad; quizá eres muy bueno en los trabajos que requieren destreza manual; tal vez eres de aquellos capaces de encontrar soluciones creativas a problemas complejos, prácticamente sin ningún esfuerzo. ¿Cuál es esa habilidad única que tienes?

Cuando identifiques las actividades que eres capaz de desarrollar de manera natural (casi sin ningún esfuerzo) y luego concentres tu atención en ellas, practicando cada día para volverte el mejor, entonces estarás explotando tus verdaderos talentos naturales y aumentarás considerablemente tus probabilidades de triunfar.

Podemos alcanzar mucho éxito en nuestra Zona de Excelencia, pero como dice Hendricks, para disfrutar la vida con plenitud debemos alcanzar el éxito en nuestra Zona de Genialidad y para conseguirlo, debemos conocernos y estar muy atentos ante todas esas habilidades innatas que poseemos y que nos generan una gran satisfacción.

El autoanálisis es clave en esta tarea y Hendricks recomienda comenzar con 10 minutos al día de reflexión, poniendo por escrito todo aquello que recordemos de nuestro pasado, lo que hemos hecho desde nuestra más temprana edad hasta la fecha de hoy, lo que se nos ha hecho fácil y al mismo tiempo, lo que hemos disfrutado mucho; lo que aporta algún beneficio a los demás y una gran satisfacción a nosotros mismos

Para encontrar nuestra Zona de Genialidad y poder trabajar siempre en ella, debemos experimentar mucho con actividades distintas, reconocer aquello en lo que realmente somos buenos y llevar un registro de nuestros talentos naturales; no hay secretos mágicos ni atajos milagrosos. Esta es la única manera de triunfar y disfrutar del proceso.

Hacerlo requiere de coraje porque, probablemente, tendrás que tomar decisiones sumamente importantes que cambiarán tu vida por completo y, aunque pasarás por momentos de inestabilidad, inseguridad e incomodidad, todo valdrá la pena cuando finalmente te dediques a lo que más te gusta y a lo que haces mejor que muchos.

Recuerda: No intentes volverte bueno en aquello que eres malo (a menos de que sea necesario para conseguir algo que quieres); más bien, vuélvete el mejor en aquellas actividades que forman parte de tus talentos naturales y deja que otras personas, con sus propios talentos y en sus propias zonas de genialidad, te ayuden (y tú a ellos) para triunfar a lo grande.

DEFINE TUS VERDADERAS METAS

«La tragedia de la vida no reside en no alcanzar tus metas. La tragedia está en no tener metas que alcanzar» Benjamin Mays.

¿Alguna vez te has puesto a pensar que (quizá) podrías estarte planteando metas que ni siquiera quieres, pero como alguno de tus amigos, familiares o la gente a la que sigues en Instagram, está «viviendo» esa meta, entonces, tú también la quieres?

Si haces como te sugerí en páginas anteriores y comienzas por tus valores, defines tu propósito de existir (tu *Ikigai*) y te basas en tus verdaderos talentos, entonces no te será nada difícil plantearte metas propias, que realmente quieras alcanzar.

Una persona sin metas claras es un barco a la deriva que acabará por hundirse o encallar en un lugar del cual será muy difícil salir.

Hay un mito popular que cuenta que la universidad de Harvard realizó un estudio en 1979 acerca de un grupo personas que definieron claramente sus metas en aquel entonces y años más tarde les hicieron un seguimiento para ver qué tal iban. El supuesto estudio reveló que 84% de las personas, no plantearon metas específicas (y, por lo tanto, no alcanzaron nada), 13% tenían metas, pero ningún compromiso real en trabajar por alcanzarlas y solamente un 3% de las personas, se plantearon metas concretas y trabajaron arduamente a lo largo de los años por alcanzarlas y lo consiguieron. Aunque es una historia con una muy buena enseñanza *(«solo aquellos que plantean metas concretas y trabajan arduamente para alcanzarlas, lo conseguirán»)* en realidad no hay ninguna evidencia real que dicho estudio haya sido realizado.

El ser humano siempre ha sido muy bueno en creerse historias y mitos que determinan su manera de actuar y de vivir, así que, no nos privemos del efecto placebo y usémoslo a nuestro favor (ya que, sí existen numerosos estudios que demuestran que el efecto placebo es real y afecta nuestras vidas).

Una vez que tengas claro cuáles son los valores más importantes en tu vida, identifiques tu propósito (aunque sea de forma inicial y superficial) y decidas explotar tus verdaderos talentos, para definir tus verdaderas metas entonces debes:

Saber qué quieres en el futuro: Lo que realmente quieres ser, tener, donde realmente quieras estar y con quién. Te recomiendo definir lo que quieres a corto, mediano y largo plazo. No hay metas que sean irrealistas, hay plazos que lo son. Muchas personas no alcanzan sus metas porque quieren conseguir a corto plazo aquellas que toman años ser alcanzadas.

Saber dónde estás en este momento: Supongamos que la meta es llegar a Roma; el camino que tomes para llegar allí dependerá totalmente de la ciudad en la que te encuentres en este momento. Saber a dónde queremos ir es importante, pero es tan importante como saber dónde estamos parados en este momento. Haciendo un autoanálisis de lo que somos, lo que tenemos, lo que carecemos, de las personas que tenemos a nuestro alrededor, de las que deberemos incorporar en nuestra vida, de nuestro pasado y cómo él ha influido en nuestro presente, entonces tendremos una idea bastante clara del punto de partida para empezar a tomar acción.

Delimitar tus metas: Todos podríamos hacer una lista de 200 metas que quisiéramos alcanzar, pero sabemos que más del 90% de ellas, se quedarán en «sueños» y nunca se harán realidad. Más vale alcanzar 70% de nuestras metas (eso es un número que nos debe hacer sentir orgullosos) que alcanzar solo 10% de ellas. Cuando nos planteamos muchas metas y la mayoría de ellas queremos verlas alcanzadas en un plazo inferior a 5 años, nos agobiamos (y nos paralizamos) al ver la montaña tan alta y empinada que tenemos que subir. Algunos dicen *«no se puede tener todo en la vida»*, yo no estoy de acuerdo y creo que sí podemos tener todo lo que queramos; el truco está en definir y delimitar muy bien ese «todo».

Escribir tus metas: El primer paso para materializar un sueño, es escribirlo. Al pasar del plano mental intangible al plano físico (o digital) hemos empezado realmente a escribir una historia que podría tener un final muy feliz. Algunos recomiendan que las escribamos en papel y estoy de acuerdo, aunque soy un tipo sumamente digital. Hay algo «mágico» en plasmar las metas en papel, sin embargo, me he dado cuenta de que lo realmente mágico, no está en el papel en sí, sino en hacer que esas metas se escriban con nuestro puño y letra (me ha funcionado muy bien escribir mis metas con mi mano en la *tablet* y con el bolígrafo inteligente que se conecta a ella). Sea como sea, saca tus metas de tu mente y tráelas al mundo físico (funciona muy bien).

Crear un plan de acción versión 1.0: Es muy importante lo de «versión 1.0» porque el plan de acción que crearemos al inicio, tendremos que cambiarlo y ajustarlo creando otras versiones según lo que nos vayamos encontrando en el camino. No importa si tenemos que cambiar el plan de acción 100 veces (las que sean necesarias) y debemos tener conciencia que el plan inicial, pocas veces es el que terminamos ejecutando al final.

Crear metas desafiantes: Muchas personas no trabajan con ánimo para alcanzar sus metas, porque se han puesto metas demasiado aburridas y muy poco atractivas. Plantéate metas emocionantes, que extraigan lo mejor de ti, que de alguna manera te hagan excederte en aquellas capacidades que tú creías que llegaban hasta cierto punto. Ese tipo de metas te mantendrá vivo y con las ganas que necesitas para trabajar por todo lo que quieres. No se trata de plantearte metas que te agobien y te paralicen, pero sí que te hagan sudar, trabajar arduamente y de alguna forma, sufrir un poco, porque la recompensa hace que todo eso valga realmente la pena.

EL MÉTODO 60/30/10

«Las personas sobreestiman lo que son capaces de alcanzar en un año y subestiman lo que son capaces de alcanzar en diez».
Bill Gates

Este método creado por mí e inspirado en ese pensamiento de Bill Gates, me ha ayudado de manera exponencial a alcanzar muchas de mis metas. Cuando decidí crearlo, lo hice porque me di cuenta de que muchas de mis resoluciones o propósitos de año nuevo, incluían metas que me tomarían años alcanzarlas. Por ejemplo: *«Este año aprenderé a hablar japonés»*. Aunque hay métodos que te ayudan a dominar un idioma en varios meses, tendría que dedicarme total y exclusivamente a ello y eso implicaría tener que cerrar mis negocios (entre muchos otros sacrificios).

Como te he comentado en páginas anteriores, no hay metas irrealistas, hay plazos que lo son. Debemos crear metas a corto, mediano y largo plazo, pero teniendo el buen juicio de saber distinguir entre aquellas que podremos alcanzar en el plazo de un año (o menos) de otras que alcanzaremos dentro de diez.

Hay metas, que debemos dividir en micro-metas que contribuyan a una meta general. En vez de querer aprender a hablar japonés en un año, puedo dividir esa meta en la micro-meta de: *«Aprenderé y dominaré los silabarios Hiragana y Katakana»*. Además de dividir nuestras metas en micro-metas, podemos implementar el Método 60/30/10 que consiste en lo siguiente:

60% de metas con resultados inmediatos (menos de 1 año).

30% de metas con resultados a mediano plazo (2-5 años).

10% de metas con resultados a largo plazo (5-10 años).

La idea es que seis de cada diez metas que nos planteemos, podamos alcanzarlas completamente en un plazo inferior a doce meses, mientras que, con las otras, iremos ejecutando acciones y alcanzando micro-metas que nos permitan alcanzarlas a mediano y largo plazo. En mi caso, «*aprenderé a hablar japonés*» es una meta que cumpliré a mediano plazo gracias a que en los próximos 12 meses aprenderé Hiragana y Katakana, al siguiente año aprenderé 500 Kanji y la construcción de varias frases, hasta finalmente dominar el idioma en un máximo de 5 años.

Para que el método 60/30/10 sea realmente efectivo, debemos implementar la otra parte que es sumamente importante:

10% de metas que requieran nuevos conocimientos y práctica.

30% de metas que requieran práctica de conocimientos previos.

60% de metas que no requieran de conocimientos nuevos ni práctica de conocimientos previos.

La intención es que solo un pequeño porcentaje de tus metas requieran de nuevos conocimientos y experiencia para poder alcanzar más metas en menor tiempo. Dicho esto, es importante que tengas el criterio para saber cuáles de tus metas que no requieren conocimientos ni experiencia nueva, te tomarán 10 años alcanzarlas (por su complejidad) y cuáles de las que requerirán nuevos conocimientos y nueva experiencia, podrás alcanzarlas este mismo año.

ESTABLECIENDO METAS ALCANZABLES

La verdad es que la minoría de las personas define claramente sus metas, y menos cantidad aún, las establecen de manera correcta.

Antes, quisiera hablar sobre la diferencia entre la palabra «objetivo» y la palabra «meta». Hay personas que se refieren a «metas» cuando en realidad quieren hablar de «objetivos» y viceversa.

Luego de mucha investigación a nivel lingüístico de la diferencia entre ambas palabras, me he encontrado con muchísima contradicción y deduzco que podría deberse a ciertos anglicismos. En inglés, la palabra «meta» se traduce como *«goal»* y «objetivo» se traduce como *«objective»*, y son términos similares, que trabajan en conjunto, pero no son lo mismo.

Hay gente que opina que la meta es el punto final al cual aspiras llegar, mientras que los objetivos son aquella serie de acciones que ejecutamos para llegar a la meta (yo soy uno de los que emplea esta diferencia entre ambas palabras) mientras que para otras personas, es lo contrario: el objetivo es el punto final y las metas son los diferentes puntos por lo que tenemos que pasar, las diferentes acciones que tenemos que realizar para alcanzar nuestro objetivo final.

Como hay muchísima contradicción en este aspecto, te sugiero que utilices las palabras que quieras para cada caso. En este contenido me voy a referir a «meta» como aquel punto final a dónde queremos llegar y los objetivos son todos aquellos pasos que realizamos a lo largo del camino para alcanzar nuestra meta.

Cuando nos referimos a «metas alcanzables» no necesariamente hablamos de metas «realistas». A veces nos planteamos metas que para otros (o inclusive para nosotros mismos) pueden parecer algo «soñadoras». Aunque parte de lo que te enseñaré a continuación tiene relación con plantearnos objetivos «realistas», hay metas que al inicio pueden parecer totalmente absurdas y descabelladas (hacer que el hombre viaje al espacio; hacer que billones de personas en todo el mundo se comuniquen en milisegundos desde teléfonos que caben en un bolsillo), pero luego de crear un buen plan e ir alcanzando ciertos objetivos, aquello que al inicio parecía prácticamente imposible de alcanzar, lo vamos convirtiendo en realidad.

En este caso, cuando te hablo de «metas alcanzables» me refiero a plantearlas de una manera que realmente puedas volverlas una realidad y dejen de parecer «soñadoras».

Hay un dicho muy bonito (que, si no me equivoco, le pertenece al autor estadounidense Greg Reid) que dice:

«Cuando a un sueño le ponemos una fecha límite y lo ponemos por escrito, lo convertimos en una meta; cuando una meta la dividimos en pasos, la convertimos en un plan; cuando tomamos acción y ejecutamos ese plan, convertimos nuestros sueños en realidad».

No sé si estés de acuerdo, pero a mí me parece que ese dicho describe muy bien cómo convertir todos nuestros sueños en realidad.

Para que un mero sueño se convierta en una meta y puedas realmente crear un plan que te permitirá trabajar para conseguirlo, podemos utilizar la fórmula conocida como: E.M.A.R.T.

Esa sería la traducción al español, ya que, originalmente son siglas de varias palabras en inglés que conforman la palabra «S.M.A.R.T.» (en inglés, estas siglas forman un juego de letras que forman la palabra «Inteligente») Veamos lo que significan cada una de las letras de la fórmula **E.M.A.R.T.**:

Específicas; **M**edibles; **A**lcanzables; **R**elevantes; **T**emporales (con un tiempo específico).

Ya sabiendo lo que significan cada una de las letras de la fórmula, entremos un poco más a fondo con sus significados:

Específicas: Tus metas deben ser lo más específicas posible; deben responder a preguntas como: ¿Quién? ¿Qué? ¿Dónde? ¿Cómo? ¿Por qué? ¿Para qué? Mientras más claras y específicas, más «fácil» será todo lo que viene a continuación.

Medibles: Debes ser capaz de ir midiendo resultados y ver si estás, poco a poco logrando los objetivos que te acercan a tu meta. Al mismo tiempo, debemos hacernos una idea de «¿Cuánto?» necesitaremos, bien sea en tiempo, dinero o cualquier otro recurso para poder alcanzar nuestra meta. Cada meta es distinta, pero debes poder responder a ¿Cuánto? ¿Con cuánto?

Alcanzables: Esta parte nos ayuda a poner los pies en la tierra y nos permite analizar con qué contamos actualmente y así, poder ir creándonos objetivos realistas según cada etapa del plan que iremos creando. ¿Es realista el objetivo según este momento de mi vida? ¿Cuento con los recursos para las etapas iniciales del plan? Y en caso de que no cuente con ellos ¿Puedo ir adquiriéndolos? ¿Qué necesito para ir adquiriéndolos? Es sumamente importante que tengas los pies en la tierra cuando respondas a estas preguntas. Desde luego, te darás cuenta de que, al inicio no cuentas con muchos recursos (o ideas) para poder trazarte un plan «ideal» (como que si eso existiera), pero te ayudará bastante para el punto de partida y a medida que vas avanzando, vas alterando el plan.

Relevantes: ¿Es esta meta realmente importante para mí? ¿Me conviene esto que me estoy planteando? ¿Me hará más feliz? ¿Mejorará mi calidad de vida y la de los míos? ¿Les aportará algo a mi vida y a la de las demás personas o es algo totalmente irrelevante? A veces nos planteamos metas que más bien son caprichos y que no le aportan nada mejor a nuestra vida. Debemos ser honestos con nosotros mismos a la hora de responder a estas preguntas.

Temporales: ¿Para cuándo quiero alcanzar esta meta? ¿En cuánto tiempo la veré realizada? ¿Cuánto tiempo me tomará trabajar en cada paso del plan? Si no le ponemos un plazo de tiempo específico, podríamos pasar una década entera (o más) intentando cumplirla. Al ponerle una fecha de caducidad, sabemos con cuánto tiempo contamos y nos podremos organizar mejor. Al mismo tiempo, este plazo de tiempo que nos establezcamos nos servirá de «presión positiva» para no dormirnos en los laureles y para recordarnos que queremos ver realizado un sueño, así que: ¡A trabajar!

Ahora que sabes lo que significa la fórmula E.M.A.R.T., veamos un ejemplo de alguien que no aplicó esta fórmula y, por lo tanto, tiene muy pocas probabilidades de alcanzar lo que se propuso:

META: *«Este año pagaré todas mis deudas»*

¿Te parece que *«pagar todas mis deudas»* es una meta E.M.A.R.T? ¿Es específica? ¿Es medible? ¿Es alcanzable? ¿Es relevante? Podríamos decir que solo tiene el tiempo definido *(«este año»)*, pero se está dejando fuera muchos detalles de la fórmula.

Veamos ahora un ejemplo de la misma meta, pero aplicando la fórmula E.M.A.R.T:

«Voy a pagar todas mis deudas, la del coche, la del préstamo que me hizo mi hermana y la de la tarjeta de crédito, que suman 5 mil euros, y lo haré hasta el 31 de diciembre de este año. Lo conseguiré haciendo trabajos extra por mi cuenta, en mis horas y días libres, ganando alrededor de 400 euros extra por mes y así poder finalizar el año libre de encargos financieros y sentirme totalmente tranquilo».

Con ese ejemplo, puedes ver claramente la diferencia entre una meta inicial mal planteada («quiero pagar todas mis deudas este año») y otra meta perfectamente clara y definida usando E.M.A.R.T.

Analicemos ahora sus diferentes partes:

«Voy a pagar todas mis deudas (...) que suman 5 mil euros»: se le está poniendo un valor a esas deudas y de dónde proviene cada una. Estamos siendo ESPECÍFICOS.

«Hasta el 31 de diciembre de este año»: se le está estableciendo un plazo de tiempo, una fecha límite en la que se alcanzará la meta.

«Haciendo trabajos extra por mi cuenta, en mis horas y días libres, ganando alrededor de 420 euros extra por mes»: implícitamente se está colocando en el planteamiento de la meta un posible método o camino para llegar al resultado esperado y un valor que podremos ir midiendo cada mes. Además, es un valor alcanzable y razonable si nos esmeramos, pero desde luego, debemos ser flexibles, porque nuestra idea inicial podría sufrir alteraciones debido a obstáculos o contratiempos.

«... poder finalizar el año libre de encargos financieros y sentirme totalmente tranquilo»: En este caso, le estamos aportando al planteamiento algo del resultado emocional que queremos conseguir con el cumplimiento de la meta, le estamos inyectando parte de lo que sentiremos y eso nos servirá de motivación y estímulo. Desde luego, ese estímulo nos recuerda que sí es algo relevante, algo que realmente le aportará valor a nuestra vida.

Es esa la manera como se crean, plantean y decretan las metas para que dejen de ser un mero sueño y podamos volverlas realidad. Escribe todas tus metas usando la fórmula E.M.A.R.T y verás que comienzas a conseguir mucho más de lo que has sido capaz de conseguir hasta ahora. Es impresionante el cambio positivo que genera dedicarle unos cuantos minutos al planteamiento detallado de cada una de nuestras metas, en vez de dedicarle solo unos pocos segundos.

ALEX KEI

TERCERA PARTE:
HACIENDO QUE SUCEDA

El humano programa a la máquina; la máquina programa a la máquina; la máquina no programa al humano; el humano programa al humano.

Somos nosotros mismos los que programamos nuestra mente. Factores externos (como este libro, por ejemplo) únicamente pueden servir como guía, referencia o catalizador, pero la programación de nuestra mente la debemos hacer nosotros mismos, con nosotros mismos.

Es una combinación de decisión, compromiso, disciplina, perseverancia y muchas ganas de triunfar; todo eso junto hace que tengamos la disposición de programar nuestra mente para el éxito.

LAS 4 R's DE LA PROGRAMACIÓN MENTAL

Lamentablemente, no existe una *app* que podamos instalar en nuestro cerebro para desarrollar al instante una mentalidad de éxito. Deberemos recurrir a métodos arcaicos y ordinarios para programar nuestra mente para triunfar.

Las cuatro «R's» básicamente son las iniciales de cuatro acciones que debemos ejecutar obligatoriamente para poder programar nuestra mente. Repito: es obligatorio y fundamental lo que viene a continuación; de lo contrario, te mantendrás en tu vida actual, con tus acciones actuales y tus resultados actuales. Si realmente quieres triunfar, debes implementar a rajatabla lo siguiente:

1. El Reencuadre:

Un término que se utiliza principalmente en Programación Neurolingüística (y en otras áreas) que, descrito de una forma muy simple significa: ver (o interpretar) las cosas desde otra perspectiva.

Imagínate que estás de vacaciones en París y quieres hacerles una foto a tus familiares delante de la torre Eiffel. Haces tu mejor esfuerzo para meterlos a todos en la foto, pero hay un montón de turistas detrás que no quieres que salgan. Entonces le pides a tus familiares que se muevan un poco hacia la izquierda o te acercas a ellos para que no salgan los otros turistas. ¿Qué estás haciendo en ese momento? Estás reencuadrando la fotografía. De la misma manera, lo hacemos a nivel de programación mental cuando tratamos de dejar fuera ciertos elementos que no queremos en nuestra mente (porque no nos están ayudando) y tratamos de incluir otros que sí queremos y necesitamos para triunfar.

Los psicólogos le llaman a esto «reevaluación cognitiva». Hay muchísimas cosas que en este momento te están impidiendo triunfar simplemente porque no las has reencuadrado. **El reencuadre es el nuevo significado o interpretación que le damos a ciertos hechos, palabras, comportamientos, situaciones, emociones, etc., para que, en vez de frenarnos, nos ayuden o nos permitan avanzar.**

Aquella metáfora de ver el vaso medio lleno vs. medio vacío es un ejemplo de encuadre. Algunas personas ven el vaso medio vacío porque son pesimistas (o les ven primero el lado negativo a las cosas) mientras que otras ven el vaso medio lleno porque son optimistas (o suelen verles el lado positivo a las cosas). El reencuadre nos ayuda a ver el vaso medio lleno, en ocasiones que solemos verlo medio vacío.

Podemos y debemos reencuadrar miedos, creencias, hábitos e inclusive, podemos reencuadrar elementos de nuestra personalidad que quizá no nos dejan muy satisfechos. Por ejemplo, una persona que se considera muy introvertida o reservada siente que por esa característica de su personalidad, no se ha atrevido a hablarle a la persona que le gusta hace tanto tiempo (por miedo a que la rechace) o no se atreve a pedirle un aumento a su jefe (por miedo a que la despida); esta persona podría reencuadrar su introversión como una cualidad positiva, que le da algo más de tiempo para pensar bien las cosas y crear un plan adecuado y prepararse ante posibles resultados negativos. El introvertido usará esa característica de su personalidad como algo bueno, que le dará confianza, en vez de verlo como algo malo, que lo hace sentir inseguro.

No se trata de que te engañes; se trata de que encuentres el otro lado del cristal para interpretar las situaciones y luego, tomes decisiones en base a tu reacción ante esa situación y dentro de ese contexto.

La mayoría de las situaciones que se nos presentarán en la vida, no son ni positivas ni negativas, sino que nosotros le ponemos la etiqueta de «buena» o «mala» dependiendo de nuestra programación mental actual.

Lo fundamental para programar tu mente para triunfar es reencuadrar todo lo que te detiene o te atrasa, reencuadrar las situaciones, el contexto de esas situaciones, reencuadrar tus creencias, reencuadrar el miedo, la interpretación que le das a ciertos hechos y que extraigas lo que te traerá mayor provecho y no lo que realmente te mantiene atado a una situación que no quieres que continúe por mucho tiempo. Esto es algo que trabajamos a fondo en el taller *Programando tu Mente para Triunfar* (www.triunfar.co).

Reencuadra todas aquellas las situaciones que has etiquetado como negativas y búscales el beneficio para convertirlas en fortaleza.

2. Resiliencia

La resiliencia básicamente es la habilidad que todos tenemos de levantarnos cuando nos caemos, sacudirnos el polvo y continuar nuestra misión. Es la capacidad de soportar los golpes que nos da la vida y seguir adelante, así sea llenos de moretones.

Absolutamente todos pasamos por momentos difíciles y algunos de ellos, nos dejan traumas. Quedamos tan afectados que evitamos situaciones similares, aun sabiendo que son necesarias para conseguir lo que queremos. La resiliencia nos ayuda a superar los traumas del pasado, a aprender de nuestros errores y a usar esa experiencia como recurso que nos ayudará a conseguir lo que queremos.

Debemos aceptar que, durante el recorrido, tropezaremos muchas veces, caeremos y nos lastimaremos. Aspirar a lo contrario es lo que destruye a tantas personas; creen que pueden llegar a la meta sin heridas ni golpes y esperan que el paseo sea precioso en todo momento.

Como un buen padre o madre lo haría con su hijo cuando se cae, debemos decirnos a nosotros mismos: «*No te preocupes; tranquilo; el dolor va a pasar. Levántate y sigue caminando*».

Inclusive en los casos más graves en los que hay que salir corriendo con el niño al hospital, en el camino le vamos diciendo lo mismo para tranquilizarlo: «*No te preocupes, está todo bien; estamos yendo al médico y él te va a ayudar a sentirte mejor. Yo sé que te duele, pero ya lo vamos a curar. Tranquilo*».

Ante cualquier adversidad, todos tenemos la opción de convertirnos, sentirnos y comportarnos como una víctima de las circunstancias, de quejarnos, darnos golpes de pecho y de despertar lástima en todos los que nos rodean. Sin embargo, también tenemos la opción de aceptar que la adversidad forma parte del proceso, que muchos se han recuperado de situaciones peores y que tenemos la fuerza suficiente para lidiar con esto y mucho más.

¿Cuál de las dos opciones eliges tú?

La resiliencia tiene mucho que ver con la autoestima; la resiliencia se desarrolla de la misma manera que desarrollamos nuestra autoconfianza. Cada vez que nos caigamos y nos levantemos, nos volveremos más seguros de nosotros mismos y confiaremos en que tenemos la capacidad de superar cualquier adversidad.

3. Repetición.

Escuchando el audiolibro de la biografía del fisicoculturista, actor y político Arnold Schwarzenegger, me quedó grabada una palabra que, desde entonces, siempre la he implementado en mi vida como una filosofía: Repeticiones. Arnold le atribuye todo su éxito a las repeticiones; como él dice: «*reps, reps, reps*». Todo aquello que queramos mejorar y todo en lo que queramos volvernos buenos, debemos hacerlo una y otra vez, practicar una y otra vez, entrenar una y otra vez (hacer repeticiones, repeticiones, repeticiones) hasta volvernos muy buenos en lo que queramos.

Vivimos en una época en la que estamos acostumbrados a pulsar un botón y obtener un resultado inmediato. Debemos tener conciencia de que esto no pasa con nuestro entrenamiento para convertirnos en personas de éxito. Hay *apps* que nos ayudan a concentrarnos y a ser más disciplinados, pero no nos hacen disciplinados ni nos vuelven personas concentradas; nos ayudan, no nos hacen. Cualquier habilidad, sea la del reencuadre, la de la resiliencia, la disciplina, la capacidad de concentración, entre muchas otras habilidades que nos ayudarán a triunfar, debemos constantemente repetirlas hasta que nos salgan de forma natural, sin mayor esfuerzo.

La repetición es la clave de la maestría. La repetición es fundamental para volvernos muy buenos y para adquirir mejores hábitos. Inclusive los hábitos malos que tienes actualmente, los tienes gracias a la repetición; empezaste un día con ese mal hábito, lo repetiste al día siguiente, hasta que se implantó en ti, casi sin darte cuenta y ahora te cuesta mucho quitártelo.

Si quieres ser más disciplinado, empieza con pequeños fragmentos de tiempo de una forma repetitiva y luego ve aumentando el tiempo y la dificultad de las actividades que requieren tu disciplina.

Para reencuadrar muchas de nuestras creencias, debemos utilizar afirmaciones empoderadoras, y aunque sé que hay gente que no cree en las afirmaciones y piensa que son tonterías, te recuerdo que yo soy muy escéptico y crítico con todo, pero he visto cómo las afirmaciones han transformado mi vida de forma positiva.

El problema con muchas afirmaciones positivas es que nos hacen sentir ridículos, porque es imposible que nos creamos algo que sabemos que no es cierto, pero debemos buscar cuál es la parte de esa situación que sí lo es y la que hace que nos sintamos con mayor confianza. Si creemos que no somos buenos en algo, es absurdo intentar engañarnos con la frase *«¡Yo soy muy bueno en esto!»*, pero la podemos transformar en: *«¡Cada día me vuelvo mejor en esto!»*.

Hace unos 10 años, yo estaba totalmente quebrado a nivel financiero y no sabía cómo mejorar mi situación. En esa misma época me expuse por primera vez al concepto de Afirmaciones Positivas y lo intenté durante algún tiempo, diciéndome: *«¡Yo soy abundancia y atraigo mucha abundancia en mi vida!»*. Por dentro, mi voz interior me gritaba: *«¡Mentiroso! ¡Eso no te lo cree ni tu mamá!»*. Desde luego, no estaba funcionando. Así que decidí cambiar la frase por: *«¡Yo tengo la capacidad y la creatividad suficiente para encontrar fuentes de ingreso que traerán abundancia a mi vida!»*. En ese caso, la voz interior se quedó callada, porque esa afirmación sí era 100% creíble para mí. Pocos meses después, hice un cambio de vida profesional y por primera vez, empecé a ganar mucho más de lo que necesitaba para vivir.

Desde luego, hay que ponerles emoción y sentimiento a las afirmaciones, de lo contrario, se convierten en frases banales a las que no les damos importancia.

Ten consciencia de cuántas frases repites a diario que no te están ayudando, pero las dices porque todos a tu alrededor las repiten constantemente y acabas actuando en base a esos pensamientos. No repitas lo que no quieras hacer realidad.

Como te imaginarás, repetir afirmaciones positivas sin mover el cul* para hacerlas realidad, no te funcionará. La repetición de las afirmaciones debe ir acompañada de la repetición de acciones.

La repetición es más importante que la duración. Si quieres crear el hábito de trabajar de manera concentrada sin que nada te distraiga, practica todos los días durante 15 minutos, no durante dos horas, un día sí y cuatro no.

Gracias a esa repetición de pensamientos empoderadores, de acciones que contribuyen a un resultado, de respuestas a estímulos o situaciones, de las interpretaciones que le das a las cosas, que eres capaz de programar tu cerebro para triunfar.

4. Responsabilidad

Este es uno de los elementos más serios e importantes en lo que a programación mental se refiere. Hay muchas personas que no quieren (o les da miedo) asumir la responsabilidad de todo lo que les pasa. Aunque hay factores externos que nunca podremos controlar y sí que hay situaciones de azar que no hay manera de predecir ni de prevenir, nosotros debemos aceptar que somos responsables por la gran mayoría de cosas buenas y malas que nos pasan. Debemos asumir y aceptar la responsabilidad de que somos los pilotos de nuestra vida. Como dice un buen amigo mío que es piloto comercial: *«los aviones no se caen. En +90% de los casos, los deja caer el piloto».*

Podemos darnos una palmadita en el hombro cada vez que algo bueno nos suceda y debemos darnos una palmadita en el cul* cada vez que algo malo nos suceda, porque en ambos casos, ha sido culpa nuestra.

En psicología hay un término llamado «locus de control» que se refiere a la interpretación que hacen las personas del origen causal de lo que les pasa en la vida. Existen dos tipos: Locus Interno y Locus Externo.

Las personas que tienen un locus de control interno más desarrollado o predominante, asumen la responsabilidad con prácticamente todo lo que les sucede, mientras que las personas que tienen un locus de control externo más predominante, generalmente le echan la culpa a todo y a todos de todo lo malo que les sucede.

Un triunfador se siente y sabe que es responsable de prácticamente todo lo que le pasa y casi nunca busca factores externos, ni culpables externos a quién soltarles la carga, cuando algo no les sale como quieren. No culpan a la crisis, ni al gobierno, ni a sus padres, ni a la falta de apoyo de su pareja, ni a Dios, ni a la enfermedad que les hace la vida más difícil; saben que de ellos depende su éxito o su fracaso, a pesar de las circunstancias externas.

Cuando algo te sale bien, reconoces tu mérito y te sientes orgulloso. Haz lo mismo cuando algo te salga mal: reconoce tu responsabilidad, aprende la lección y vuelve a intentarlo.

Los que viven su vida como «pasajeros» en vez de cómo «pilotos», adoptan una posición pasiva, de víctima y derrota; los que agarramos con fuerza las riendas de nuestra vida, nos buscamos nuestras propias oportunidades, nos entrenamos y formamos en las áreas que necesitamos desarrollar y nos levantamos de cada caída para volver a intentarlo hasta triunfar.

Las 4 R's de la programación mental son importantes, pero esta última R, la de RESPONSABILIDAD, es la que realmente determina si triunfarás, o no.

Solo 1% de lo que sucede en nuestra vida es producto del azar; el otro 99% sucede por nuestros pensamientos, nuestras creencias, nuestras decisiones, nuestras acciones, nuestra capacidad de reencuadrar las situaciones, nuestra capacidad de resiliencia y nuestro entrenamiento constante a través de múltiples repeticiones. Asume tu responsabilidad y verás cómo mejora tu vida.

Triunfar en la vida no es fácil, pero aquellos que realmente estamos comprometidos con nuestro éxito, con conseguir una mejor calidad de vida para los nuestros y para nosotros mismos, haremos lo que sea necesario hasta conseguirlo.

MOTIVACCIÓN

Cuántas veces te has pillado diciendo: *«¡Es que no me siento motivado! ¡No sé qué me pasó, pero es que perdí mi motivación! Yo antes era una persona súper motivada y ahora ¡No lo soy! Es que estoy esperando que algo realmente me motive. Quiero ver un vídeo en YouTube que me motive; quiero que me digan algo que me motive; quiero que me den alguna herramienta o lo que sea que me ayude a recuperar mi motivación».*

Posiblemente te has encontrado diciéndote esto más de una vez porque crees (o te han hecho creer) que la motivación es como el «Santo Grial». Muchos quieren encontrar la motivación que perdieron o la super-motivación que tienen aquellos que triunfan.

El problema no es de falta de motivación, sino más bien de concepto. Motivación viene de «motivos»; debes tener motivos para hacer algo. Ambas palabras, «motivo» y «motivación» tienen la misma base y el mismo objetivo: poner en movimiento, poner en acción. Es imposible separar la palabra «motivos» de la palabra «acción», así que lo que debemos hacer es encontrar los motivos que nos pongan en acción y así poder desarrollar la ¡MotivAcción!

Así que, empecemos con una pregunta sumamente profunda y que debes realmente considerar:

¿Cuáles son tus motivos para triunfar?

Ante esta pregunta, muchos se apresuran a responder lo primero que les viene a la mente y generalmente, nombran premios o recompensas, no motivos. *«Quiero tener una casa grande»*, *«Quiero tener un coche/auto de lujo»*, *«Quiero viajar por el mundo»*, *«Quiero tener independencia financiera»*, *«Mi mayor motivo es convertirme en un Youtuber famoso».*

En vez de responder con premios, trofeos o recompensas que quieres obtener, intenta ir a niveles más profundos, a niveles de satisfacción personal real.

«Alex, pero es que yo tengo motivos suficientes, lo que me falta es la motivación para tomar acción» Dijo la vocecita del perdedor que todos llevamos dentro.

Muchos buscan la motivación en aquel vídeo de Facebook o de Instagram, en el libro de aquel u otro autor de autoayuda, en el orador motivacional que ha dado conferencias TED, cuando todos esos recursos son fuentes externas de motivación que su efecto dura poco y pasa muy rápido, como el café de la mañana.

La verdadera motivación y la más poderosa es la interna, la que arde por dentro, la que no necesita de factores externos para existir, sino que se alimenta de factores externos para crecer y arder con mayor fuerza.

Para algunos, la frase anterior puede llegar a ser bastante profunda y filosófica, así que, te lo explicaré de otra manera más simple: Encuentra tus verdaderos motivos para triunfar y luego alimenta el deseo de triunfar usando fuentes externas de inspiración (no de motivación).

Aquel libro, conferencia, discurso o vídeo son fuentes que te inspiran a tomar acción en momentos en los que sientes que te falta la motivación para trabajar por lo que quieres.

A mí no me motiva un libro o una película, ni mucho menos un autor o conferencista. A mí esos factores externos me inspiran y son como un *«shot»* de energía adicional cuando necesito ponerme en movimiento.

Para saber exactamente lo que nos mueve, lo que nos pone en acción, debemos preguntarnos:

- ¿Cuáles son mis motivos?
- ¿Por qué quiero lo que quiero?
- ¿Qué estoy haciendo al respecto?
- ¿Para qué lo estoy haciendo?
- ¿Cuál es el fin?
- ¿Cómo quiero que sea mi día a día?
- ¿A quién quiero hacer feliz (además de mí)?
- ¿Por qué tengo esos motivos?

Al tener esto claro, sabrás por qué y para qué te levantas de la cama cada mañana. Si te recuerdas constantemente tus motivos y si estos tienen bastante fuerza y significancia para ti, nunca deberías sufrir de «desmotivación».

Por otro lado, hablando en el lenguaje y sentido que la mayoría de las personas le da a la palabra motivación, no hay mayor motivador que el progreso; ir consiguiendo resultados, así sea poco a poco, nos ayuda a mantenernos motivados. Muchos no toman acción porque no se sienten motivados y olvidan que, al no tomar acción, no consiguen ningún tipo de resultados que los ayude a mantenerse motivados.

Veamos el ciclo de motivación normal, el que muchos practican (o esperan) a diario:

CICLO DE MOTIVACIÓN NORMAL:

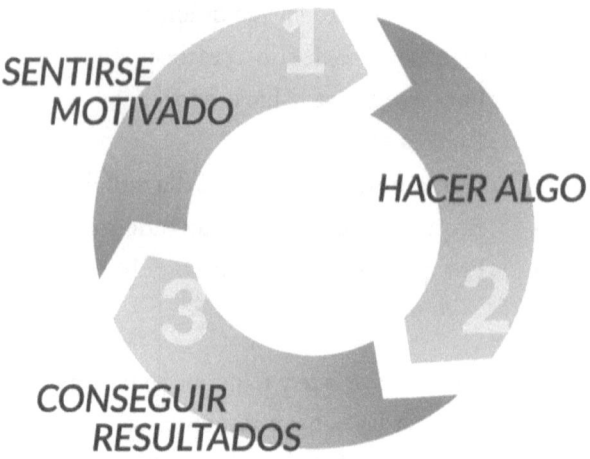

La gente normalmente piensa: «*Yo no puedo hacer nada hasta que no me sienta motivado; si no me siento motivado, no hago nada, me da pereza hacer lo que sea, así que, primero tengo que sentirme suficientemente motivado para poder hacer algo y luego ya veré si consigo algún resultado, y si no consigo el resultado que esperaba, me desmotivo aún más que cuando empecé*» ...y ¡Pum! allí murió todo. En vez de ser un ciclo que se repite constantemente, es un inicio, un intento y un fin, si no se consigue el resultado que se esperaba.

Ahora, veamos cuál es el ciclo de motivación de los triunfadores:

CICLO DE MOTIVACIÓN DE LOS TRIUNFADORES:

Es este el ciclo que debes cultivar, esta es la motivación de los triunfadores, es así como debemos pensar y actuar. No debemos esperar hasta sentirnos motivados para hacer algo y conseguir un resultado ¡Es al revés! Primero debemos hacer algo, conseguir un pequeño resultado positivo que nos hará sentir motivados y seguir tomando acción hasta conseguir el resultado que esperamos ¡Es así como se triunfa en la vida!

Es normal que muchas veces las cosas no salgan como esperamos y, sobre todo, cuando tan solo lo hemos intentado un par de veces o durante poco tiempo. Hay cosas que toman más tiempo, que requieren de mayor esfuerzo y debemos ser conscientes del grado de dificultad o nivel de riesgo de la acción que vayamos a tomar, no para desanimarnos sino para todo lo contrario: para prepararnos y alinear nuestras expectativas con el nivel de esfuerzo requerido y el grado de dificultad al que nos enfrentamos.

A veces nos planteamos metas muy grandes en muy poco tiempo o metas muy complicadas para el repertorio de habilidades y conocimientos que actualmente poseemos y, cuando no conseguimos buenos resultados, nos desmotivamos. No se trata de bajar el nivel de nuestras metas, sino de crear un plan de acción que nos permita ir tomando acción mientras aumentamos nuestro propio nivel de capacidades y habilidades.

Así que te doy un truco que a mí me funciona de maravillas:

Divide todas tus metas en micro-metas (relativamente) fáciles de alcanzar, pero que, al unirlas, contribuyan de manera considerable al objetivo que te habías propuesto.

Por ejemplo, si quieres mejorar tu forma física y parte del proceso requiere que adelgaces 10Kg, podría llegar a ser muy desmotivador subirte a la balanza luego de dos semanas pasando hambre como un hijoeput* y ver que solo has rebajado 800 gramos. En vez de pensar en la meta de bajar 10Kg, vamos a convertirla en micro-metas más «fáciles» (así, entre comillas) de alcanzar. Por ejemplo:

«Voy a rebajar 500 gramos a la semana».

Rebajar 500 gramos en una semana se traduce en 2Kg al mes (¡nada mal!) y cuando veas que esa micro-meta ha sido relativamente fácil de conseguir, te dará el empuje y la motivación que necesitas para, el mes que viene, aumentarla a: *«voy a rebajar 1 kilo a la semana».* Como ya te demostraste que eres capaz de conseguir un pequeño resultado, te sentirás con mayor confianza y determinación para ir aumentando el grado de dificultad y sacrificio.

En vez de tomarte esta sugerencia como: *«ponte metas pequeñitas y fáciles de alcanzar; no seas ambicioso»* más bien tómatela de esta manera:

Empieza con micro-metas realistas para tu situación y capacidad actual, en plazos de tiempo realistas, que requieran de un esfuerzo considerable pero alcanzable, que te permitan crear inercia y al mismo tiempo, te vayan retando de manera gradual para darte la fuerza, la autoconfianza y la motivación para seguir haciendo más, más y más.

No hay metas que sean irrealistas, hay plazos que lo son. No te auto-desmotives poniéndote plazos absurdamente cortos para metas impresionantemente grandes. Concéntrate en los siguientes 100 metros de la carrera, en vez de poner tu mente en los 40 kilómetros del maratón.

CÓMO AUMENTAR EL DESEO POR CONSEGUIR LO QUE QUIERES

Muchas personas no consiguen lo que quieren porque no lo quieren lo suficiente. Si lo quisieran como la vida misma, no se detendrían por tonterías. El problema no es la dificultad, la incomodidad o el miedo que te genera la meta que te has propuesto; el problema son las ganas insuficientes de conseguir eso que «quieres».

Supongamos que (ojalá que nunca te pase) tu casa se incendia. Están todas tus pertenencias dentro, pero el incendio ya se ha extendido mucho y lo único que puedes hacer es salir corriendo por la puerta principal que aún está libre de llamas. Te da mucho dolor perder todas tus pertenencias en ese incendio, pero la vida es más importante que cualquier bien material. ¿Cierto?

Ahora supongamos la misma situación, pero con un ligero cambio: tu hijo, tu sobrino, tu madre o cualquier otro ser querido, está atrapado del otro lado de las llamas y aunque tú puedes escapar, él no. Probablemente no me equivoque al pensar que serías capaz de atravesar las llamas, sufrir quemaduras de tercer grado en todo el cuerpo, para poder salvar a tu ser querido. ¿Me equivoco?

Cuando nos planteamos una meta, pero no la queremos lo suficiente, tenemos dos opciones:

1) Nos olvidamos de ella y así no perdemos más tiempo y energía;

2) Aumentamos el deseo por conseguirla para no rendirnos hasta que la alcancemos.

Si eliges la primera opción, puedes dejar de leer y pasar a otra parte del libro porque todo lo que viene a continuación es para los que quieren ir a por todas y conseguir lo que se propusieron.

Generalmente hay dos grupos de personas que consiguen prácticamente todo lo que se proponen. Por un lado, tenemos a aquellos que quieren algo con muchísima fuerza, que tienen muchísimas ganas de conseguirlo, son los que consiguen incluso más de lo que se habían propuesto y usualmente, son personas súper competitivas, casi obsesivas, pero una obsesión positiva, canalizada a la acción, que genera buenos resultados.

Por otro lado, tenemos el grupo de personas que consigue prácticamente todo lo que se proponen, pero porque le tienen miedo a las consecuencias de no conseguir lo que quieren; no es que tengan demasiadas ganas de conseguir esa meta, pero le tienen pánico a las consecuencias de no conseguirla. Probablemente no es que quieras demasiado la independencia financiera, pero te da miedo quedarte en la calle y ser pobre toda tu vida; probablemente no es que quieras demasiado tener un cuerpo esbelto, pero le tienes miedo a sufrir de enfermedades derivadas de una mala alimentación o tienes miedo de no sentirte una persona atractiva.

Podemos usar la «psicología positiva» o la «psicología negativa» y cada persona debe encontrar lo que le funcione mejor. A algunas personas la «psicología negativa» les funciona muy bien y, de hecho, el ser humano en general tiende actuar más por evitar o acabar con un dolor, que por buscar un placer. La gente, generalmente, se mueve con más ímpetu cuando están huyendo de un peligro que cuando se están acercando a una situación de satisfacción, orgullo y disfrute. Evidentemente, no todos somos iguales y deberás ver cuál es tu caso y cómo funcionas mejor.

Ya sabiendo que aquellos que consiguen prácticamente todo lo que se proponen están en algunos de estos dos grupos, vamos a empezar con algunas sugerencias para aumentar el deseo por conseguir lo que quieres de una forma positiva:

Alimenta tu mente de razones para quererlo:

Haz una lista de varias razones de porqué lo quieres, para qué lo quieres, de qué manera tu vida será mejor al alcanzar esta meta. Hazla lo más variada e ilustrada posible; Incluye fotos, sonidos, canciones, olores, texturas, etc. De alguna forma toda esa mezcla de estímulos y sensaciones hace que cambie nuestro estado de ánimo y nos ayuda a aumentar el entusiasmo siempre que sintamos que queremos tirar la toalla. Haciendo esta lista de razones, estamos alimentando a la mente, para que recuerde porqué y para qué estamos trabajando.

El día a día nos «atropella» a todos, hace que se nos olviden muchas cosas y de primero, están aquellas cosas que harán nuestra vida mucho mejor, así que, esta lista nos servirá de recordatorio y debemos recurrir a ella tantas veces lo consideres necesario.

Visualiza que ya lo tienes:

Ya hablo de visualización en otra parte de este libro y allí te explico en lo que consiste y cómo hacerlo de la manera correcta, así que, no me extenderé mucho aquí. Visualiza constantemente que lo que quieres, es tuyo; visualiza tu vida habiendo ya conseguido eso que quieres, imagínate que ya lo tienes, que forma parte de tu presente (no de tu futuro). Eso hace que, cada vez que lo visualices, lo quieras más y más.

Como te explico en el capítulo de visualización, no se trata de «soñar» como una persona ingenua, inocente o ridícula, no; esto tiene ciencia, tiene una influencia real y comprobada en nuestra mente, así que, te recomiendo que lo hagas para aumentar el deseo por conseguirlo.

Escribe una declaración y compromiso de porqué lo quieres:

Esto es como una especie de «Términos y Condiciones», como un contrato que hacemos con nosotros mismos donde explicamos porqué lo queremos, para qué lo queremos, lo que deberemos hacer para cumplirlo y comprometernos a cumplir ese «contrato».

Puede ser una declaración como esta: *«Yo, Alex Kei, declaro que construiré un refugio con excelentes condiciones de vida para gatos abandonados y contaré con un equipo de voluntarios y profesionales que, me ayudarán a cuidarlos, mantenerlos sanos y saludables, hasta encontrarles un nuevo hogar. Quiero alcanzar esta meta porque tengo un aprecio y sensibilidad especial hacia los gatos y me entristece ver como muchos de ellos sufren (injustamente) maltratos y pésimas condiciones de vida, sobre todo, los que deambulan por la calle. Me comprometo a hacerlo realidad en un plazo de 5 años y para ello, ahorraré el 20% de las ganancias de una de mis empresas y dejaré de comer sushi con tanta frecuencia, para usar ese dinero ahorrado en la construcción del refugio. A partir de hoy, le dedicaré 30 minutos a la semana a planificar los pormenores de este proyecto e ir adelantando trabajo para cumplir la meta en el plazo establecido. Será un logro que me llenará de orgullo y me sentiré sumamente feliz por ayudar a tantos gatos abandonados a tener una mejor calidad de vida y encontrarles un buen hogar.»*

Cuando sintamos que nos estamos relajando, cuando veamos que, quizá, no estamos haciendo todo lo que deberíamos para alcanzar esa meta, debemos leer esta declaración para recordarnos porqué lo queremos y para qué estamos dispuestos a hacer ciertos sacrificios y actividades menos gratas. Al leerla, deberíamos sentir un subidón de ganas y de emoción por alcanzar esa meta.

Rodéate de personas con mentalidad y metas similares a las tuyas:

Es sumamente inspirador y reconfortante cuando otras personas nos ayudan a ver las cosas desde otra perspectiva, nos ayudan a encontrar siempre el lado positivo de las dificultades que se nos presentan y nos incentivan a seguir trabajando, hasta que lo consigamos.

Estas personas nos entienden porque piensan de una manera muy similar y también se han propuesto metas similares. Es como cuando acordamos hacer ejercicio a diario con un amigo, para que nos demos ánimo y fuerza el uno al otro. Esto es sumamente importante para mantener una actitud positiva y siempre tener presente lo que queremos conseguir.

Por otro lado (la otra cara de la moneda), evita a las personas que intenten disuadirte de tu meta; como que si tuviesen sarna, ébola o piojos, evítalos porque te lo van a pegar. Poco a poco, harán que pierdas el deseo por conseguir lo que te propusiste y, sobre todo, si son personas importantes en tu vida. Créeme, te van a j*der los pensamientos, te van a confundir, empezarás a dudar y se generará un conflicto interno dentro de ti, porque sabes que quieres algo que esa o esas personas (que son importantes para ti) lo consideran malo, inútil, estúpido o «peligroso».

No se trata de dejar de hablarles, simplemente llega un acuerdo con ellos y pídeles que, entre vosotros, no se hable de tus metas ni de porqué sí o porqué no debas avanzar con ellas. Es impresionante el peso e influencia que tienen las personas que nos rodean.

Créete que es posible:

Todos tenemos limitaciones y defectos, pero al mismo tiempo, el ser humano ha demostrado a lo largo de la historia de que es capaz de alcanzar logros que tan solo años antes, parecían absolutamente imposibles. No bases tu futuro en tus presentes habilidades y recursos; si planificas tu futuro basándote en tu situación actual, tendrás un futuro exactamente igual a tu situación actual. Debes creerte profundamente que tienes la capacidad de entrenarte para desarrollar las habilidades que necesites y que tienes la capacidad de conseguir los recursos que necesites.

Existe algo llamado «teoría de la expectativa», creada por el profesor Victor Vroom de la universidad de Yale, que explica la tendencia que tiene una persona a actuar de una manera concreta, según la creencia que tenga de cuál será el resultado o recompensa que obtendrá tras realizar una acción. La teoría explica que una persona le otorga cierto valor o importancia al resultado que quiere obtener y se crea una expectativa basada en la confianza que tenga en conseguir o no el resultado esperado. Si la persona no le otorga el valor suficiente al resultado o si no cree que es capaz de conseguirlo, entonces no tendrá la motivación suficiente para tomar acción.

La parte más importante de la teoría de la expectativa del profesor Vroom que debes grabarte en tu memoria, en este contexto de tus creencias, es: **si no te crees capaz de conseguir lo que quieres, entonces no tendrás la motivación suficiente para tomar acción.**

Con estas recomendaciones de psicología positiva estoy seguro de que irás por buen camino, pero pasemos a las de psicología negativa, que también funcionan muy bien para ayudarnos a querer huir del dolor y del sufrimiento. No todas te serán de provecho, así que, primero léelas y luego decide cuáles te podrían ayudar y cuáles podrían causarte un efecto totalmente opuesto al que quieres:

Alimenta tu mente de lo malo que sucederá si no lo consigues:

De la misma manera que creaste una lista de razones del porqué lo quieres y cómo mejorará tu vida cuando alcances tus metas, ahora haz una lista de situaciones de mierd* y de lo mierd* que será tu vida cuando no consigas aquello que quieres. Busca todas las razones que te hagan pensar: *«No puedo permitirme llegar a esa situación. No puedo dejarme caer en esa situación».*

Muchas veces creemos que podemos darnos el lujo de postergar o atrasar nuestras metas y olvidamos que el tiempo se nos escapa entre los dedos casi sin darnos cuenta. Como consecuencia, nos metemos en situaciones que no queríamos y creamos una realidad totalmente opuesta a la que nos planteamos.

Curiosamente, solemos autoengañarnos con frases como *«todo va a salir bien, todo va a salir bien»,* pero ¡no hacemos nada para que todo salga bien! En este caso, piensa: *«¡nada va a salir bien si no me pongo las pilas!».* No pienses en tus metas como algo que te «gustaría» tener; piensa en ellas como algo que <u>necesitas</u> conseguir, porque las consecuencias de no conseguirlas serán nefastas.

Visualiza lo miserable que será tu vida si no lo consigues:

Siéntela, vívela, escucha los sonidos, los aromas, las texturas, etc.; todo lo malo, lo que no quieres tener, lo que no quieres que suceda, visualízalo como si fuese hoy una realidad. Si no da diarrea y náuseas al visualizarlo, no te estás esforzando lo suficiente.

Hay una técnica utilizada por Tony Robbins (que me parece excelente) basada en la novela de Charles Dickens «Un cuento de navidad». Tony dice que te imagines que viene el fantasma de la navidad futura y te muestra cómo será tu vida si no cambias tus malos hábitos actuales y lo que actualmente te mantiene en la situación que te desagrada. Desde luego, será un futuro miserable y la idea es que te pongas mentalmente en esa situación para que veas que todo ha salido mal y que todo aquello que temías cuando tenías la edad que tienes ahora, lo has vuelto realidad por tu falta de planificación, por tus malos hábitos, por tu pereza, etc.

Cuando tengas esa idea sumamente clara en tu mente, cuando hayas visualizado eso con lujo de detalle, créeme que si lo tienes presente a diario, jamás te vas a dejar caer en esa situación.

Escribe una carta de despedida:

ADVERTENCIA: <u>No hagas este ejercicio</u> si has tenido pensamientos suicidas o si sufres de depresión grave. La vida es maravillosa y tiene muchísimas cosas, lugares y gente preciosa. Date la oportunidad de descubrirlo.

Escribe la carta de despedida que dejarías al suicidarte; escribe las razones que hacen que quieras abandonar este mundo y cómo te has decepcionado a ti mismo y a los tuyos. Explica lo miserable que es tu vida por tu propia culpa, por no haber dado lo mejor de ti, por haber preferido el camino fácil, en vez de el camino que te daría todo lo que te mereces.

Cada vez que te relajes, cada vez que te descuides, cada vez que te de pereza hacer lo que debes hacer, cada vez que sientas que no tienes el deseo suficiente por conseguir lo quieres, lee esa carta que te has escrito a ti mismo.

Añade en esa carta lo que le dirías a tus seres más queridos, discúlpate con ellos por haberles fallado, por no haberles dado la vida que se merecen, por haber sido una persona mediocre que se conformó con una vida mediocre.

La idea es que uses esta carta como recordatorio, no como sentencia. Léela cuando te apetezca tirar la toalla para que recuerdes lo que no quieres que suceda, para que tengas consciencia de lo que podrías causar con tu mediocridad, pereza y conformismo.

Piensa en todas las personas que se burlarán de ti:

Imagínate sus caras, sus risitas burlonas, escucha en tu mente como te dicen «...*Y tú creías, de verdad, ¿que ibas a conseguir eso? ¡Soñador! ¡Niñato! ¡Ingenuo! ¡Te lo dije!*», imagínatelo, piensa cómo se reirán de ti si fracasas.

Esto es súper efectivo para algunas personas, sobre todo para aquellas, como yo, que somos súper competitivos y que a veces (no siempre) nos estimula mucho saber a quién le vamos a restregar por la cara nuestro éxito (a los que quieren vernos fracasar) y a quién le vamos a demostrar que sí somos capaces de alcanzar lo que nos propongamos (a los que dudan de nosotros).

Lamentablemente, algunas personas cercanas a nosotros están esperando que demos el más mínimo traspié para restregarnos por la cara que ellos tenían razón y por eso intentaban disuadirnos.

Identifica mentalmente a una persona cercana que sea «fracasada»

De preferencia que sea un familiar o amigo muy cercano, de mayor edad y que compartan contigo muchas características de su personalidad, es decir, que seáis muy parecidos en varios aspectos.

La idea es que te proyectes en ellos y veas tu posible vida futura a través de alguien que conoces de cerca. Yo tengo un familiar que está en sus 60 años y tengo un muy buen amigo que acaba de llegar a sus 50, y ambos, son extremadamente inteligentes y talentosos, pero están envejeciendo pobres (a nivel mental) y quebrados (a nivel financiero). Tienen cualidades que muchísimas personas desearían tener para triunfar, pero nunca las utilizaron ni las explotaron para construir una vida mejor y ahora han llegado a una edad algo avanzada, sin haber alcanzado nada realmente significativo. Entre vicios (como el alcohol) y una mentalidad sumamente cerrada (creen que solo ellos tienen la razón en todo), en general, sus vidas son un auténtico fracaso (en muchos sentidos) y son absolutamente infelices (y, por lo tanto, amargados).

Yo me parezco mucho a ellos en varios aspectos y cada vez que me da pereza trabajar por mis metas o siento que pierdo las ganas, me digo que, si no me pongo las pilas ahora, seré como ellos cuando tenga su edad. Esto a mí me funciona como latigazo en el cul* y me pone a trabajar como una máquina inmediatamente.

Bien sea de la forma positiva o de la forma negativa, yo creo que con todo esto que te he recomendado, tienes muchas herramientas para aumentar el deseo por conseguir lo quieres. Recuerda que muchas personas no alcanzan sus metas porque olvidan la importancia que tienen en sus vidas.

Ahora ¡A triunfar!! (que quiero verte conseguirlo y, además, que ¡me lo cuentes!)

CÓMO TENER MUCHA MÁS ENERGÍA PARA ALCANZAR LO QUE TE PROPONGAS

A veces las personas me preguntan «*Alex ¿cómo haces para lidiar con tantas empresas y proyectos distintos, además grabar el podcast, escribir libros, etc. y no sufrir de agotamiento extremo?*» La verdad es que, no soy una máquina y claro que, en ocasiones, siento un cansancio extremo. Todos sufrimos de agotamiento, en algún momento u otro. Sin embargo, es nuestra responsabilidad conseguir que esos momentos de extenuación sean la minoría y no predominen en nuestro día a día.

Voy a contarte cómo lo hago yo, lo que a mí me funciona y aunque cada persona es distinta, de forma general creo que puedes implementar esto que te voy a recomendar porque son principios bastante universales que cualquiera que los implemente, va a conseguir buenos resultados.

Muchas veces quisiéramos conseguir más, alcanzar muchas de aquellas metas que nos hemos propuesto y aunque realmente estamos comprometidos y estamos dispuestos a trabajar y a esforzarnos por conseguirlas, sentimos como que, si un camión nos ha pasado por encima, todos los días, y al día siguiente vuelve el camión y nos vuelve a pasar por encima y así vamos viviendo. A cada momento, sentimos que no tenemos la fuerza para luchar por lo que queremos y sentimos un desgano general por todo y para todo; algunos dicen que es desmotivación y aunque en algunas situaciones, puede que sí sea eso, muchas otras veces, en realidad, esa «desmotivación» es más bien cansancio, agotamiento, y hay un agotamiento físico, pero también hay un agotamiento mental y cuando tenemos ambos, somos incapaces (por más capaces que realmente seamos) de sacar cualquier proyecto adelante.

Debemos saber escuchar a nuestro cuerpo y a nuestra mente, para saber cuándo debemos parar y cuándo podemos continuar.

Yo siempre lo he dicho: cuando te canses, descansa, pero no te rindas. Si te sientes cansado, descansa, pero no tires la toalla. Muchas personas tiran la toalla y abandonan un proyecto porque se sienten sumamente agotadas y muchas veces, el mejor remedio para esta situación es parar. ¡Para un poco! Cambia de ambiente, cambia de proyecto, date un tiempo para que ese proyecto, esas ideas, lo que tienes que hacer, haga como el vino y respire. Cuando lo dejes respirar, verás las cosas de otra manera y te apetecerá trabajar en aquello que antes querías abandonar.

A continuación, te recomiendo lo que me ha funcionado muy bien para dejar de estar tan cansado y tener mucha más energía:

1. Descansa:

Dale a tu cuerpo tiempo para que se recupere, deja que pase por el natural de recargar las pilas y ¿sabes qué? muchas veces tenemos que hacerlo durante el día, no solamente durante la noche.

Si tienes un horario «normal» en el que por la noche duermes y por el día haces todo lo que tienes que hacer, entonces, lo ideal sería que por la noche descanses el tiempo que tu cuerpo necesite para recargarse. Cada persona es distinta y no estoy de acuerdo con aquellas recomendaciones que nos dicen que *«debemos dormir 8 horas al día»*. Yo no necesito 8 horas al día, yo estoy perfectamente bien con 6.5 horas de sueño nocturno. Pocas (muy pocas) veces he dormido 8 horas o más, pero ese es mi caso; lo importante es que cada persona determine cuál es su tiempo óptimo de descanso nocturno. Para algunas personas serán ocho horas y para otras serán solo cinco. Ve cuántas son las horas que tú necesitas para descansar por la noche. Luego, durante el día, cuando sea necesario y te sea posible, descansa.

Hacer siesta es una costumbre que normalmente se asocia a los españoles y tenemos fama mundial por eso. En mi caso, yo aplico algo similar a lo que hacían Edison, Newton, Da Vinci y muchos otros, que es, dormir varias veces al día; a esto se le llama «sueño polifásico». La mayoría de las personas practica el sueño monofásico (de siete u ocho horas, generalmente por la noche) y aunque lo que yo hago no es estrictamente sueño polifásico, se parece un poco, porque duermo alrededor de 6.5 horas por la noche y a lo largo del día hago, varias siestas. A veces hago siesta dos veces al día (una a media mañana y otra a mitad o final de la tarde), pero también he llegado a hacer cinco siestas en un mismo día; lo hago siempre que no me puedo concentrar, que estoy bostezando constantemente y sintiendo mucha pereza. Hay un dicho que dice: «*El tonto duerme a la hora que le toca cada día; el genio duerme siempre que lo necesita*». Es importante hacer pequeñas siestas de máximo 20-30 minutos, para impedir que el cerebro haga un ciclo completo de sueño que suele durar alrededor de 90 minutos. Un ciclo de sueño normal pasa por cuatro fases y debemos dormir únicamente el tiempo que dura su primera fase (la superficial) o dormir 90 minutos seguidos para completar el ciclo de 4 fases. Hay personas que duermen una siesta de 45 minutos o de 1 hora y se despiertan muy cansadas y desorientadas, porque han dejado que su cerebro entre en etapas más profundas del ciclo de sueño y lo han interrumpido a la mitad. Así que, siestas de máximo 20-30 minutos de sueño, no más.

Tenemos que escuchar al cuerpo cuando nos está hablando un martes a las 5:24 p.m. y nos dice: «*¡ey! ¡chico! para un poquito porfa, que necesito recargar las pilas*», entonces es cuando nosotros, un martes a las 5:24 de la tarde, decidimos parar y echarnos una siestecilla.

Así que, descansa y descansa siempre que lo necesites, no únicamente cuando puedas. Duerme un fin de semana entero, pídele a tu jefe un día de vacaciones, cancela citas o lo que sea necesario, para que descanses cuando lo necesites. Es demasiado difícil trabajar en nuestras metas cuando estamos demasiado agotados.

2. Hidrátate muy bien:

Muchas veces nos sentimos cansados porque no estamos bien hidratados y eso afecta de manera negativa muchas de nuestras funciones mentales y corporales. Yo bebo alrededor de 2 litros de agua al día (y voy al servicio unas 40 veces) y si eres de aquellos ~~idiotas~~ que dicen «*a mí no me gusta el agua*», hay otras opciones (té, zumos, etc.) de preferencia que no contengan azúcar.

Hace un par de años yo no tenía noción de la relación entre la hidratación y el agotamiento. Me quejaba constantemente por estar tan cansado, habiendo dormido bien. Hasta que descubrí que en parte era deshidratación. Ahora, cada vez que siento ese bajón de cansancio, aunque haya descansado, es porque no he bebido suficiente agua ese día. No debemos esperar hasta sentir sed para beber agua; si sentimos sed, es porque ya estamos deshidratados. Pruébalo un día que te sientas muy cansado, aunque hayas descansado bien; bebe medio litro de agua (no de un solo tirón, sino poco a poco en un plazo de 5 minutos o menos) y verás como al cabo de 15 minutos o media hora, te sientes con más energía.

Dicen los especialistas (y vamos a entrar ahora en ejemplos gráficos) que, si tu orina no es prácticamente transparente, es porque no estás bebiendo suficiente agua. Si vas al servicio y tu orina tiene un color calabaza o color «zumo de naranja» (perdóname la comparación) entonces no has bebido prácticamente nada de agua en las últimas 6 u 8 horas y es sumamente importante que te hidrates inmediatamente.

3. Come bien:

Comer bien no es comer mucho; comer bien es comer lo que debemos para que el cuerpo y la mente funcionen correctamente y aunque yo muchas veces soy culpable de comer lo que NO debo comer (me encantan los postres, la pizza, el pan, etc.) intento comer muchos vegetales, frutas, fuentes de Omega 3 (como el salmón, que es mi favorito) y muchas proteínas, generalmente a través de huevos y proteínas de origen vegetal.

Lo que más me destruye mentalmente (y físicamente) son los carbohidratos y el azúcar. Lamentablemente, mi cuerpo se ha vuelto adicto a ambos y tengo que hacer un grandísimo esfuerzo (sin éxito, muchas veces) de evitarlos. Me encanta la pasta y la comida italiana en general y a veces paso cuatro días seguidos comiendo ese tipo de harinas y, además de que mis intestinos comienzan a entrar en guerra conmigo, hacen huelga contra mí, sin hacer su trabajo, gritándome: *«¡Capullo! ¿Cómo quieres que hagamos nuestro trabajo? ¡Si nos has taponeado de harinas!!...»* y cuando como muchas harinas blancas, no rindo mentalmente, no funciono bien, me pongo lento, pesado y me da pereza pensar hasta cómo me llamo.

Y ese tema del azúcar... vaya que me pone mal. Para mí el azúcar es como aquella novia o novio que sabes que no te conviene, que te hace daño, pero igual la amas y no puedes vivir sin ella. Generalmente intento mantener la adicción bajo semi-control con mi dosis diaria de chocolate negro de más de 72% de concentración de cacao, sin azúcares añadidos (aunque quién sabe qué mierd* de edulcorantes químicos le agregan para que tenga tan buen sabor) y eso es una religión para mí. Me como aproximadamente 50g de chocolate negro luego de la comida (al mediodía) y trato de que ese sea el único dulce de mi día (al parecer, comer chocolate negro en altas concentraciones de cacao trae muy buenos beneficios para la salud, así que, sea verdad o no, yo me lo creo y lo como a diario).

Aquellos días en los que sé que debo estar en mi máximo nivel cognitivo, hago mi mayor esfuerzo de no comer carbohidratos ni azúcares no naturales unas 24 o 48 horas antes. Mi cuerpo (y mi mente) me los piden a gritos, pero sé que para estar al 100% de mi capacidad mental, debo evitarlos.

Adicionalmente te recomendaría tomar un multivitamínico, si no tienes ningún problema médico. A mí me funcionan muy bien para mantener las dosis de vitaminas del complejo B y otros en sus niveles adecuados. Primero consúltalo con un médico porque al parecer, hay personas que no pueden tomar vitaminas (o algunas vitaminas) así que, por favor, no te mueras por mi culpa. Eres adulto, así que, sé responsable y consúltalo con un médico.

4. Respira mejor:

Este ha sido uno de los consejos más reveladores para mí y me ha traído muy buenos resultados. Todos respiramos a diario sin darnos cuenta y muchas veces, es una respiración superficial, acelerada y entrecortada. Debemos concientizar la respiración en muchos momentos del día, especialmente, cuando nos sentimos cansados.

Yo sufro de rinitis alérgica y tengo una obstrucción nasal por hipertrofia de adenoides y normalmente, me cuesta mucho respirar por la nariz; en determinados momentos siento ahogo o asfixia, pero de alguna manera, mi cuerpo se ha acostumbrado a vivir «asfixiado» y sin darme cuenta, solía respirar más por la boca que por la nariz y esa era la única realidad en mi vida. Hasta que empecé a tener mucha más consciencia de mi respiración (¡vaya cambio positivo!). Si durante el día estoy sintiendo algo de cansancio anormal (habiendo descansado y comido bien) entonces probablemente sea la respiración, así que hago respiraciones profundas controladas. Es curiosísimo, pero eso me ayuda mucho a levantar mis niveles de energía y he comprendido la influencia que tiene la respiración en nuestra energía.

Cuando sé que tengo que estar mucho tiempo hablando, por ejemplo, antes de grabar un episodio de mi podcast o antes de dar una conferencia, me aplico una dosis del inhalador broncodilatador y eso es una pequeña ayuda adicional para respirar mejor y oxigenar mejor el cerebro. Pequeños detalles que pasamos por alto y que son tan importantes para recargar las pilas, en este caso, simplemente respirar conscientemente, de manera profunda, llenando los pulmones, dejando ese oxígeno allí un par de segundos y luego expulsándolo lentamente por la boca. ¡Qué simple y qué efectivo!

Lo que te acabo de recomendar hasta ahora es a nivel físico y, desde luego influye a nivel mental, pero veamos lo que podemos hacer a nivel mental (y que beneficiará al cuerpo):

5. Medita:

La meditación ayuda mucho al *«reset»* del cerebro (y no, no tiene nada que ver con creencias religiosas o espirituales). Cuando nos sentimos «colgados» o trabajando más lento de lo normal, debemos reiniciar el cerebro como te expliqué en capítulos anteriores. Simplemente, cierra tus ojos y concéntrate en tu respiración, haciendo inspiraciones profundas (puedes contar hasta cuatro lentamente si quieres) luego manteniendo el aire en tus pulmones durante un par de segundos y posteriormente expulsando el aire lentamente por tu boca, tratando de no pensar en nada que no sea tu respiración y los sonidos del ambiente, los olores, las sensaciones en ese momento y sin juzgarte de ninguna forma, es decir, sin pensar si lo estás haciendo bien o mal y sin recriminarte porque tu mente se ha ido a otros asuntos; cada vez que la mente se vaya a otro lado y te des cuenta, vuelve a traer la atención a la respiración. Esto se debe hacer con los ojos cerrados siempre que puedas, para que no haya ningún estímulo visual que afecte la corteza prefrontal del cerebro, así que, para que ésta descanse, mejor hacerlo con los ojos cerrados y así no haya cualquier tipo de estímulos visuales que el cerebro deba procesar.

Si eres como yo, que haces un montón de actividades que no tienen ninguna relación una con la otra y saltas de un proyecto al otro y luego al otro y luego al otro, intenta al menos concéntrate en uno solo por períodos de tiempo específicos y cuando tengas que pasar a otra actividad no relacionada con la anterior, medita durante un mínimo de 2 minutos, cerrando los ojos, y siguiendo el proceso que te he explicado anteriormente. Hazlo a diario y verás que te agotas mucho menos al saltar de actividad en actividad, porque te estás permitiendo recargar las pilas (y «resetear» un poco tu corteza prefrontal) en esos breves minutos de meditación.

6. Inspírate:

Cuando te sientes sumamente cansado y desganado, a veces, simplemente necesitas un poco de inspiración; algunos creen que es «motivación» («estoy desmotivado»), pero no, tú ya tienes tus motivos para triunfar, pero hay días en los que no estás inspirado/a

Aquellos días en los que te da pereza hasta respirar, probablemente te ha pasado que de repente ves algo que te inspira (un vídeo de Youtube, una persona a la que admiras o inclusive, un anuncio publicitario) y sientes algo por dentro que te levanta del sofá, como que si te acaban de poner un cohete en el trasero y te dices «¡voy a trabajar! ¡Voy a por lo que es mío!» y así, como de la nada, ahora te sientes con ánimo y con energía. Fue esa pequeña dosis de inspiración que necesitabas en ese momento que te ha levantado el ánimo y la energía para trabajar por tus metas.

En mi podcast semanal «En mis propias palabras» (lo puedes encontrar en todas las plataformas de Podcasts) le dediqué un episodio entero a varias maneras de encontrar inspiración cuando más la necesitamos. Te recomiendo que lo escuches porque te dará varias ideas para cuando necesites ese cohete ya sabes dónde.

7. Inyéctale adrenalina a tu cuerpo:

No literalmente (no te estoy sugiriendo que te metas ninguna aguja con nada raro), pero en ocasiones es importante y necesario que nos sintamos nerviosos, que nos sintamos excitados a nivel mental, con aquella sensación de «*¡Wow! ¡lo que viene será emocionante!!*». Es importante soñar a lo grande; tienes que empezar (si aún no lo has hecho) a ponerte metas que te c*guen por completo cuando pienses en ellas, que te asusten de una manera positiva y que sientas mariposas en el estómago solo de pensar en todo lo que tendrás que hacer y ser para concretizar tus más grandes sueños. Evidentemente, no hablo de una adrenalina que te hace entrar en pánico, sino la que te hace más ágil y más fuerte.

Tienes que encontrar tu punto de ansiedad óptima, que es aquel en el que sientes la ansiedad que te mantiene alerta y que despierta tus sentidos, pero que no llega a paralizarte o a agobiarte; sientes los nervios, pero te mantienen 100% alerta, no 100% c*gado ¿Vale? Al encontrar (con la práctica y la experimentación) tu punto de ansiedad óptima, busca estímulos que le inyecten esa adrenalina adicional a tu cuerpo y a tu mente para que te sientas vivo/a y sientas lo mismo que los atletas sienten justo antes del disparo de salida. Hay personas que solo necesitan hacer una llamada a una persona que los intimida un poco para sentir esa adrenalina extra; para otros, es entablar conversación con un extraño; Da igual, lo que sea que te haga sentir algo de nervios sanos y que, desde luego, no te ponga en peligro. Ese subidón de adrenalina te quitará cualquier tipo de pereza o agotamiento que sientas en ese momento.

Cuando pongas en práctica todo esto que te he recomendado, verás que te sentirás con mucha más energía para trabajar por tus metas.

EL CICLO DEL HÁBITO

«Cultiva solo aquellos hábitos que quisieras que dominaran tu vida». Elbert Hubbard.

El experto en productividad y cambio de comportamientos, Tiago Forte, explica que el ciclo del hábito se crea a partir de una causa desencadenante que genera una acción y nos produce finalmente una recompensa. Todo hábito se compone de estos tres elementos: desencadenante, acción y recompensa.

Supongamos que lees el Whatsapp o miras el Instagram 50 veces al día y eso te hace muy improductivo. El desencadenante de ese hábito podría ser una notificación en el teléfono o simplemente el pensamiento: «¿Será que habrá alguna novedad? ¿Será que alguien habrá compartido algo nuevo?» ¡Ay, estoy aburridísimo!»

Este desencadenante genera la acción de ver el teléfono y esa acción nos genera una recompensa: nos hemos distraído del momento aburrido que estábamos teniendo, nos hemos enterado o expuesto a algo nuevo, nos hemos sentido conectados con el mundo, etc.

Conociendo cómo funciona el ciclo del hábito, nos será de utilidad para desarrollar nuevos hábitos productivos y también, nos servirá para eliminar los que nos están alejando de nuestras metas.

Para ponerlo en práctica de la manera correcta, en vez de empezar con los hábitos que queremos eliminar o cambiar, más bien debemos empezar por los hábitos que queremos adquirir o desarrollar. Basta con un simple cambio de encuadre o perspectiva, para que un hábito nocivo o negativo, se convierta en uno positivo.

Por ejemplo:

En vez de pensar:	Piensa:
Quiero dejar de ser tan sedentario.	Quiero hacer ejercicio físico al menos 30 minutos al día.
Quiero dejar de comer comida basura	Quiero comer más vegetales y frutas a diario
No quiero seguir perdiendo tanto tiempo en las redes sociales	Quiero ver las redes sociales solo 20 minutos al día

La gran mayoría de personas, al iniciar un año nuevo, se plantean una serie de propósitos que, básicamente, son una serie de hábitos nuevos que desean desarrollar. Como sabes, casi nadie los cumple y en febrero, todos vuelven a sus hábitos de toda la vida (¿Conoces a alguien así? ¿Eres tú así? No me mientas…)

Generalmente, lo que sucede, es que intentan cambiar o adquirir varios nuevos hábitos en simultáneo y el cerebro entra en shock por sobrecarga. Seamos honestos: Adquirir un nuevo hábito (o cambiar alguno que tengamos) no es tarea fácil. No me importa lo que te hayan dicho los «gurús» ni los «coaches de vida». Eso de que *«se necesitan tan solo 21 días para adquirir un nuevo hábito»* es más falso que un billete de 3€ (créeme, lo he probado muchas veces con hábitos distintos y en 21 días… ná de ná).

Ese mito se generó a partir del libro llamado «Psico-cibernética» de Maxwell Maltz en la que el autor explica que un nuevo hábito comienza a crear raíces a partir de 21 días, pero en realidad se requieren alrededor de 66 días para cambiar o adquirir un nuevo hábito, según un estudio realizado por la Dra Phillippa Lally PhD.

Como la gente solo escucha (o interpreta) lo que le conviene, entonces escuchan (y repiten): «*un nuevo hábito... bla bla bla, ¡21 días!*» y cuando ven que, pasadas tres semanas, siguen igual, entonces tiran la toalla y se decepcionan de ellos mismos, cuando lo único que tenían que hacer, era continuar hasta pasados 66 días aproximadamente para que se haya adquirido el nuevo hábito. No es fácil, no; 66 días son más de 2 meses, es cierto. Si quieres saber, en mi caso, dejar de comer dulces por 66 días seguidos es tan malo como que se me caiga el Internet un día entero, como que me amputen un miembro o que me digan que Chewbacca en realidad no existe, sino que es un hombre disfrazado ¡Terrible!

Adquirir o cambiar hábitos no es fácil y por eso es por lo que, debemos empezar con UNO (no con dos, ni tres «para ganar tiempo, sabes», no). Cuando hayamos adquirido finalmente ese nuevo hábito, entonces podemos pasar a otro, porque el anterior, ya quedó programado y ni siquiera tenemos que pensar en él, sino que lo hacemos, inclusive, sin darnos cuenta. Esto nos ayudará a afianzar de verdad el nuevo hábito y al ritmo de unos 66 días por cada uno (poco más, poco menos) podrás cambiar o desarrollar alrededor de cinco nuevos hábitos al año. ¡Eso es una GRAN proeza!

Imagínate dentro de 365 días con cinco hábitos nuevos y saludables que te ayudarán a vivir mejor, a sentirte mejor y a conseguir mejores resultados. ¿No te emociona imaginártelo? ¡A mí sí!

Recuerda que el nuevo hábito (al igual que cualquier otro) debe empezar con un desencadenante (algún estímulo o situación que genere la acción que queremos adquirir), así que, deberás elegir cuál; para algunas personas es una canción específica, para otras es un movimiento o acción del cuerpo o inclusive, tocar un objeto (esto es una técnica de PNL llamada «Anclaje».)

Luego del desencadenante, viene la acción del hábito que queremos adquirir. No te lo pienses demasiado, simplemente hazlo; tu mente empezará a contarte historias en ese momento, pero tú como que si nada e implementas la «técnica del niño odioso» (te metes los dedos índices de cada mano en ambos oídos y gritas: «*lalalalala*» para no escuchar a tu mente. No estoy bromeando, es en serio, funciona. Le llamaré: «The Niño Odioso Technique®»)

Luego de que hayas ejecutado la acción, recuerda que debe venir algún tipo de recompensa. Los seres humanos no diferimos mucho del perrito que aprende a hacerse el muerto y a dar la pata cuando sabe que le van a dar una galletita. Debes encontrar algún tipo de recompensa que funcione contigo, nada muy complicado, nada muy caro, nada que te haga perder tiempo (en mi caso, cuando decidí crear el hábito de no comer dulces, se me ocurrió que una recompensa que podría funcionar perfectamente bien luego de pasar un día entero sin comer dulces era comerme un bombón de chocolate por la noche. Pero luego de pensarlo mejor, me di cuenta de que era mala idea... en fin).

Antes te comenté que te iba a dar un truco para encontrar «fácilmente» un desencadenante que te ayude a desarrollar el nuevo hábito y me refiero a la técnica llamada:

Habit Stacking

En inglés suena más chic, porque en español lo que significa es: «Apilamiento de hábitos».

El método *Habit Stacking* consiste en pegar un hábito tras otro hábito. Actualmente ya tenemos hábitos que hacemos a diario y cuando decidimos incorporar uno nuevo, al inicio nos cuesta encontrar dónde y cuándo encajarlo (*«¿Será que lo hago por la mañana? ¿Será que lo hago por la noche? ¿Será que lo hago luego de la comida?»)* y eso nos genera agobio y estrés (muy mala manera de comenzar a crear un nuevo hábito) mientras que, si elegimos un hábito que ya tengamos actualmente y le adjuntamos, justo antes o justo después, el nuevo hábito que queremos desarrollar, entonces se hará muchísimo más fácil incorporarlo en nuestra rutina diaria. Te voy a dar dos ejemplos:

Supongamos que actualmente tienes el hábito de prepararte un café por la mañana y quieres adquirir el hábito de meditar. Podrías meditar mientras se hace tu café (o justo antes de empezar a hacerlo en caso de que tengas una máquina de café expreso) y basta con empezar meditando durante tres o cinco minutos (ve la técnica Kaizen en otra parte de este libro) y luego de tu meditación, bebes tu café. No olvides que luego de la acción (meditar, en este caso) debe venir una recompensa, así que, además de recibir el beneficio de sentirte más centrado y relajado para iniciar tu día gracias a ese momento Zen que acabas de vivir gracias a la meditación, podrías agregarle a tu café algo que te guste (azúcar, miel, crema, aguardiente... bueno, quizá esto último no sea buena idea) y aquellos días en los que no meditas justo antes de tomar tu café, no hay premio o recompensa para ti (si eres de los que sueles beber el café sin nada, pues entonces el día que no medites, le pones limón o sal al café).

En el caso de este ejemplo, el desencadenante ha sido tu café matutino, más específicamente, la acción de poner a hacer el café. La acción desencadenada, el nuevo hábito, es la meditación y la recompensa es lo que sea que te guste ponerle al café. Hemos cumplido el ciclo del hábito a la perfección y ahora solo tenemos que repetir el proceso durante un mínimo de 66 días o hasta que se vuelva automático y ni siquiera tengas que pensar en ello, sino que lo haces y ya está.

Otro ejemplo: Supongamos que te duchas por la noche, ese es uno de tus hábitos diarios, y quieres adquirir el hábito de hacer estiramientos corporales; bueno, tu desencadenante podría ser meterte en el baño y desvestirte, luego hacer solo cinco minutos de estiramiento de varias partes del cuerpo (no olvides revisar lo de la técnica Kaizen en otra parte de este libro) y luego de haber realizado la acción, viene la recompensa (ya tú sabrás qué sucede en la ducha como recompensa a esa acción).

Entendiendo cómo funcionan los hábitos, su ciclo y lo que produce en nosotros el efecto de la recompensa por haberlos realizado, podremos programar prácticamente cualquier hábito que queramos, si somos constantes y nos mantenemos firmes durante al menos 66 días. Comienza poco a poco (no vayas de cero a mil en los primeros días; ve incrementando el tiempo o esfuerzo con el pasar de los días – como lo enseña la técnica Kaizen) y recuerda: un solo hábito a la vez.

Ya que conoces cómo funciona la adquisición de hábitos, de la misma manera podrás entender mejor cómo, cuándo y porqué adquiriste aquel mal hábito que te está destruyendo; simplemente tienes que identificar el desencadenante y luego la recompensa. Si eliminas el desencadenante o lo usas para desencadenar otro hábito positivo, podrías (probablemente) mantener la misma recompensa. Si la recompensa es tan nociva como el hábito que actualmente te está causando daño, entonces deberás trabajar en el desencadenante, en la acción y en la recompensa. El ciclo del hábito siempre funciona de la misma manera y puedes, de manera proactiva, ejecutarlo como mejor te convenga para trabajar por tus metas.

GESTIÓN DEL TIEMPO

«Tener tiempo es poseer el bien más preciado para aquel que aspira a grandes cosas». Plutarco

Todos nos quejamos de falta de tiempo, todos sentimos que no tenemos tiempo suficiente para hacer todas las tareas que tenemos pendientes. Curiosamente, todos tenemos exactamente las mismas 24 horas en el día y seamos honestos: aquellas personas que tienen vidas mucho más ocupadas que la nuestra, personas que tienen cargos sumamente importantes, con responsabilidades sumamente críticas y que, además, tienen pareja e hijos que atender, todos ellos tienen el mismo número de horas en el día que tú y yo.

Evidentemente, ni tú, ni yo, tenemos «falta» de tiempo, sino falta de organización y optimización de ese tiempo, y piensa que dos de los bienes más preciados por las personas, el dinero y el tiempo, se relacionan entre sí y uno afecta al otro de muchas maneras (para bien y para mal).

¿Qué es más valioso para ti? ¿El dinero o el tiempo?

Si perdemos dinero, podemos recuperarlo y, además, multiplicarlo; si perdemos tiempo, jamás lo volveremos a recuperar, pero muchas personas sienten que «les sobra» tiempo, que son «ricos» en tiempo y por eso se dan el lujo de malgastarlo y desperdiciarlo.

La verdad es que sin tiempo no hay dinero ¿Cómo vamos a crear abundancia, estabilidad e independencia financiera si no tenemos tiempo para hacer todo aquello que nos va a ayudar a ganar más dinero? Si te falta el tiempo, créeme, también te faltará el dinero.

6 ladrones que nos roban el tiempo (y el dinero)

Casi sin darnos cuenta, el tiempo se nos va escapando entre los dedos. Muchas veces sí que nos damos cuenta, pero nos hacemos los suecos, nos hacemos los locos y nos autoengañamos con frases como *«ya mañana lo haré. Tengo tiempo»*. Cada minuto, cada hora y cada día que pasa sin que hagamos algo que nos acerque a nuestras metas, es como que si a cada minuto, cada hora y cada día, alguien te roba de tu cuenta bancaria 1$/€, 10$/€, 100$/€.

Veamos cuáles son los 6 ladrones de tiempo más comunes que, además, nos roban dinero:

1. Distracciones del día a día: Cosas de aquellas «normales» que forman parte del día: conversaciones banales con los compañeros, un contratiempo con el coche, los 3 minutos del tutorial de Youtube que se convirtió en una sesión de 90 minutos de vídeos graciosos de gatitos, una llamada telefónica de un familiar que duró 50 minutos, en fin… cosas que van quintándonos minutos y más minutos que, al sumarlos, nos damos cuenta de que se nos ha pasado el día entero y no hemos podido trabajar por aquello que queremos.

2. Falta de planificación: Comenzamos la semana sin un plan claro y la finalizamos de la misma manera, sin haber podido avanzar mucho. Sabíamos que teníamos muchas cosas que hacer y «fuimos haciendo», pero no determinamos cuáles debían realizarse primero y cuáles dependían de haber hecho primero otras tareas, creándonos bloqueos, atrasos y contratiempos por falta de un pequeño plan *(«es que me falta X»; «es que se me olvidó pedirle a Juan X»; «es que no he terminado X y entonces no puedo hacer Z» ¿Te suena?)*

3. Exigencias de otras personas: Cuando nos incluyen en el plan o agenda de otras personas, pero sin pedírnoslo, ni avisárnoslo.

Quieren que hagamos esto o aquello por ellos, y desde luego, lo necesitan para ayer. Una de las habilidades más útiles que podamos desarrollar en nuestra vida y que mejorará considerablemente nuestra productividad, es la de saber y poder decir «NO» muchas veces al día. Por eso, tenemos que ser muy exigentes acerca de a quien le damos nuestra atención y nuestro tiempo en un determinado momento.

4. No saber qué hacer: A veces no creamos un plan, porque simplemente, no tenemos ni idea qué hacer ni por dónde empezar. No tenemos claro cuáles son las acciones que nos acercarán a nuestra meta y perdemos mucho tiempo tratando de adivinar el primer paso y los siguientes. Lo realmente malo es que pasen muchos días así, en vez de tomarnos un par de días o una semana para investigar, consultar con alguien o inclusive, para formarnos a través de un curso o al menos, leer un libro que nos de una idea sobre lo que debemos hacer para alcanzar lo que queremos conseguir.

5. El *Multitasking*: Queremos hacer muchas cosas al mismo tiempo para que nos rinda mejor (porque somos muy «listos» y tenemos la capacidad de hacer varias cosas en simultáneo) y al final, nos desconcentramos constantemente, avanzamos muy lentamente, nos agobiamos, nos estresamos por sobrecarga de trabajo y esto entorpece el buen desarrollo de cada actividad que hicimos (al mismo tiempo que hacíamos otra).

6. La gratificación instantánea: Cuando hacemos o decidimos hacer aquellas cosas que nos hacen sentir bien ahora, que nos traerán una gratificación ahora, que nos distraerán del aburrimiento en el que estamos sumergidos, que nos harán sentir «felices» ahora, en vez de pensar en las consecuencias a mediano y largo plazo; cuando nos sentamos ahora a ver la tele porque «*es lo que me apetece y porque quiero divertirme un rato; me lo merezco*». Si tu futuro

«YO» te viera y te escuchara, te daría un par de tortazos en la cara para que te levantes del sofá y te pongas a trabajar, porque tu «YO» actual, con esa actitud, le va a causar demasiados dolores de cabeza al del futuro.

Saber establecer prioridades

Mucha gente hace listas «TO-DO» o listas de «cosas por hacer», pero sin darles un orden lógico. Anteriormente en el libro te hablé de la técnica de vaciado mental en la que escribes absolutamente todo lo que ocupa espacio en tu mente en ese momento y que sabes que debes atender y completar. Sin embargo, no podemos hacerlo todo al mismo tiempo y debemos saber establecer prioridades. Para poder hacerlo correctamente, debemos distinguir entre lo que es realmente importante ahora y lo que puede esperar. A mí me ha sido de mucha utilidad la Matriz de Eisenhower para determinar lo que debe ser hecho ¡ahora!, lo que puede esperar hasta el final del día (o mañana) y para poder distinguir entre asuntos realmente importantes y otros que no lo son tanto. Veamos en qué consiste la matriz de Eisenhower:

CUADRO DE LA MATRIZ DE EISENHOWER

	URGENTE	NO URGENTE
IMPORTANTE	**1** HAZLO	**2** PLANIFÍCALO
NO IMPORTANTE	**3** DELÉGALO	**4** ELIMÍNALO

Básicamente, debemos encajar en cada uno de esos cuadros cada actividad pendiente que tengamos y esto nos ayudará a establecer prioridades de la manera correcta.

Si algo es importante y urgente: ¡hazlo!

Si algo es importante, pero no es urgente: planifícalo.

Si algo no es importante, pero urgente: delégalo.

Si algo no es importante, ni tampoco es urgente: elimínalo de tu lista

¿Cómo sabes cuando algo es realmente importante? porque contribuye de manera considerable a que puedas alcanzar tu meta. Por ejemplo, llamar a un potencial cliente o actualizar tu *curriculum vitae* para esa oportunidad de un mejor empleo que se te ha presentado, son asuntos importantes. ¿Es importante que se te haya estropeado el coche o auto? Depende de qué tanto lo necesites para hacer esa llamada al cliente potencial o para actualizar tu CV. Si no afecta de manera considerable para poder alcanzar tus metas, probablemente tengas que dejar el coche estropeado algunos días y te tocará utilizar cualquier tipo de transporte público. A veces, el coche estropeado (por usar el mismo ejemplo, pero puede ser cualquier otra cosa) nos puede causar incomodidad y estrés, pero no afecta realmente en alcanzar nuestra meta, simplemente, tenemos que recurrir a otras alternativas más incómodas y seguir adelante.

Debemos ser muy honestos con nosotros mismos y preguntarnos ¿Esto que tengo que hacer es realmente importante para lo que quiero conseguir?

Como viste en la Matriz de Eisenhower, si lo del coche estropeado no es importante, pero sí es urgente (por cualquier razón) puedes delegar esa actividad y pedirle el favor a tu hermano, primo, tío, sobrino, a quien sea, para que lo lleve a reparar al taller, porque tú tienes cosas más importantes que hacer.

6 maneras de administrar mejor el tiempo

Estas seis maneras son tan efectivas que, si tan solo incorporaras en tu rutina diaria tres o cuatro de ellas, verás que «te sobra» tiempo que, antes, te «faltaba». No son nada complicadas, pero, aun así, mucha gente siempre encuentra la excusa perfecta para no implementar ninguna («*eso es más fácil decirlo que hacerlo*»; «*es que tú no sabes cómo es mi vida*», «*es que en mi caso es difícil porque...*» y bla, bla, bla).

Date la oportunidad de probar e implementar estas seis maneras de administrar mejor el tiempo y puedes comenzar poco a poco; empieza por una, luego incorpora la segunda, pasa a la tercera, hasta que te des cuenta de que has reformulado por completo tu manera de vivir tu día a día y se habrán grabado en tu subconsciente, volviéndose tu manera natural de hacer las cosas ¿vale?

1. Planifica cada hora de tu día

Esto me ha cambiado literalmente la vida porque me ha vuelto mucho más organizado y productivo (lo cual me ha permitido conseguir mejores resultados). Sabemos que tenemos un montón de cosas que hacer hoy o mañana, pero nos limitamos a hacer una lista, sin ningún orden ni horario. Lo ideal es que planifiquemos cada hora del día, haciendo «citas» con nosotros mismos, de la misma manera como hacemos cita en el dentista, para la revisión del coche o para la peluquería. Haciendo citas con nosotros mismos, sabemos a qué hora del día debemos hacer cada cosa.

Haz esta planificación cuando te venga mejor, bien sea el día anterior o en los primeros minutos de tu día. A mí, muchas veces me funciona planificarlo la noche anterior y si por alguna razón no pude hacerlo, me tomo unos 15-20 minutos al inicio de la jornada para planificar cada hora de mi día.

Detallando las actividades del día de esta manera, sabemos claramente lo que debemos hacer de 7am a 8am, de 8am a 9am, y así durante el resto del día. Sí, sí y sí, inclusive tú que eres de aquellos que te encanta improvisarlo todo, que vas viviendo la vida como vaya viniendo y luego vas decidiendo qué hacer. Tú también deberías hacerlo.

De esta forma no vas a sentir que se te ha ido el día en blanco porque vas a poder monitorizar todo lo que has estado haciendo, todo lo que pudiste completar y lo que no. Es perfectamente normal que haya varios días en los que no logres cumplir con alguna «cita» que tenías contigo mismo, porque se te ha presentado algún contratiempo. No te preocupes, es normal; recupera el tiempo perdido al día siguiente incluyéndolo en tu agenda del próximo día.

Es muy simple, no cuesta nada, así que lo mejor que podrás hacer por ti y por tu tiempo es planificar tu día con detalle.

2. No intentes hacer más de lo que realísticamente puedes hacer

Muchas veces no somos realistas en lo que creemos que podemos hacer en tan solo un día; nos creemos Superman o Superwoman y nos confiamos (*«cada una de esas tareas solo me va a tomar unos 15 minutitos como máximo, así que, voy a ocupar una hora con cuatro cosas...»*) y no, casi nunca funciona de esa manera.

Probablemente con la mejor intención del mundo, se nos genera un exceso de optimismo o positividad y se nos olvida que es normal que surjan contratiempos, que a veces las cosas tomen más de lo que pensábamos o no salgan como esperábamos.

Una persona productiva no es aquella que tiene la agenda llena desde las 6 de la mañana hasta las 12 de la noche con 50 cosas para hacer; una persona productiva es aquella que avanza de manera constante cada día, que optimiza su tiempo de la mejor manera y les da prioridad a los asuntos importantes, evitando al máximo las distracciones no planificadas (ya verás más adelante a lo que me refiero).

No te obsesiones por la velocidad; no creas que ser productivo se trata de ser rápido en conseguir resultados. Más bien, obsesiónate por avanzar cada día de manera consistente y constante, aunque sea poco a poco. Eso es mucho más importante que la velocidad.

Debemos tener una especie de «pesimismo controlado» o «pesimismo calculado» y con esto quiero decir que, si creemos que una actividad nos va a tomar 30 minutos, vamos a basarnos en ese «pesimismo calculado» y prever o anticipar que alguien o algo nos va a distraer, que algún imprevisto va a surgir, que posiblemente entrará una llamada que obligatoriamente tenemos que atender, en fin… cualquier cosa que nos atrase. Si crees que una tarea te va a tomar 30 minutos, desígnale una hora entera, pero no para que puedas distraerte con los pajaritos que pasan por la ventana o para que tengas tiempo de ver el Facebook o el Instagram, sino para prepararte ante cualquier imprevisto que pueda surgir. Si al final, te toma menos de una hora, aprovecha ese exceso de tiempo que tienes para resetear el cerebro, para organizar o planificar la actividad que sigue o lo que consideres conveniente para tus metas.

Atención: Tenemos que saber utilizar el tiempo productivo y el tiempo improductivo; ambos son necesarios en nuestro día a día y no debemos obsesionarnos con ser productivos en cada minuto. Esta advertencia me da paso al siguiente punto.

3. Añade en tu agenda los momentos de distracción:

Incluye en tu planificación diaria los momentos de esparcimiento y de distracción, aquellos momentos en los que te das permiso de ser un vago, o simplemente, de vivir la vida como te dé la gana sin preocuparte con: «¡j*der! ¡A esta hora yo debería estar trabajando! Es miércoles, son las cuatro de la tarde y las personas productivas y exitosas a esta hora están metidos de cabeza en el trabajo y yo estoy aquí dando un paseo por la playa».

Da igual lo que lo hagan los demás a ese día a esa hora; es tu día, tu agenda, tu planificación de tus momentos de esparcimiento y distracción. Es muchísimo mejor (y mucho más inteligente) que programes de manera proactiva esos momentos en los que te vas a distraer, en vez de ir distribuyéndolos de forma involuntaria a lo largo del día. Eso es lo que causa que a muchísima gente se le pase una jornada entera sin hacer realmente nada productivo, porque se van distrayendo a lo largo del día, en vez de aprender a decir *«No, ahora no es mi momento de distracción, así que, no veré ese vídeo del gatito que toca la trompeta. Mi momento de distracción y esparcimiento me toca hoy después de la comida. Guardaré el link del vídeo y lo veré cuando me toque mi momento agendado de distracción»* (suena fácil, pero debemos luchar con nosotros mismos para verdaderamente implementarlo).

Agendar los momentos de distracción es importante porque nos recodará, en aquellos momentos en los que estemos haciendo una actividad que nos aburre, que hemos programado en nuestro día aquel (o aquellos) espacios de tiempo en los que podemos distraernos y divertirnos como queramos. Esto ayuda a que le saquemos el máximo provecho a los momentos en los que toca ser productivos, porque sabemos que luego, tendremos nuestro momento de descanso que tanto nos merecemos (y, además, necesitamos)

El cerebro no funciona bien cuando está en modo activo todo el día, de manera constante. De hecho, es por eso por lo que nos quemamos mentalmente, porque intentamos ponerlo a trabajar a su máxima capacidad durante muchas horas (al menos, los que somos unos trabajólicos empedernidos).

Te lo puedo decir con mucha propiedad y experiencia porque yo soy de aquellas personas que cuando no estoy haciendo algo productivo, siento que estoy desperdiciando mi vida. Tengo amigos y familiares (especialmente mi padre) que me dicen: *«Alejandro, tú tienes que darte permiso de ser más vago con más frecuencia. No trabajes tanto*» y me lo dicen porque me conocen y saben que yo soy muy exigente conmigo mismo, trato de dar lo mejor de mí cada día, pero hay muchos momentos en los que no estoy en mi mejor condición mental, porque me he quemado.

¿Sabes qué es lo realmente malo? Que cuando sentimos que no estamos dando lo mejor, es cuando más nos exigimos y peor nos sentimos. Se acumula el agotamiento con la decepción, con la frustración y al mismo tiempo, con esa presión constante de «*tengo que recuperar el tiempo perdido, tengo que ser más productivo mañana porque hoy no he sido tan productivo como quería*»; eso es destructivo y nos va afectando seriamente nuestra salud mental.

Así que, por nuestra salud, debemos incluir en nuestra agenda diaria esos momentos para distraernos, recargar las pilas y para saber con exactitud, a qué hora debemos trabajar y a qué hora debemos descansar.

4. Divide tus proyectos en acciones o micro-metas:

Cuando tenemos un proyecto que implica varios pasos y varias acciones interconectadas y dependientes entre sí, debemos dividir el proyecto en micro-tareas y micro-metas. Para darte un ejemplo, usaré algo simple: Publicar un artículo o ensayo de 2.500 palabras en un blog, revista o informe de trabajo.

El «proyecto» es publicar ese artículo o ensayo. Esa es la meta general y para poder completarla, debemos hacer varias actividades antes de que llegue el momento de haberlo publicado. Sería algo así:

- Definir la temática central del artículo o ensayo.
- Crear una lista de tópicos o ideas, sin ningún orden específico, de todo lo que nos venga a la cabeza que consideremos importante plasmar en ese artículo.

- Definir lo que queremos causar en el lector, cuál es el resultado, la moraleja, el mensaje o conclusión que queremos transmitir.
- Investigar varias fuentes externas relacionadas con la temática y buscar nuevas ideas que complementen la lista que hicimos previamente.
- Diseñar un esqueleto central del artículo y comenzar a darle orden y forma al contenido.
- Redactar el artículo en 4 sesiones de 625 palabras como meta cada día.
- Leer el artículo finalizado y hacer una revisión detallada para encontrar posibles errores
- Pedirle a otra persona que lo lea para asegurarnos que no haya errores y que se comprenda lo que queremos transmitir.
- Hacer las correcciones que sean necesarias y volver a revisarlo.
- Entregar/Enviar/Publicar el artículo o ensayo.
- --- ¡Meta Conseguida! ---

Mucha gente comete el error de poner en su agenda: «*de 9am a 11am: escribir el artículo que debo publicar*» y no toman en cuenta que hay una serie de acciones que deben realizar antes y que son necesarias para poder terminar el proyecto con la mejor calidad posible. Lo correcto sería asignarle un tiempo específico a cada una de las micro-metas que hemos definido anteriormente y dependiendo de la naturaleza y dificultad del proyecto, esto nos podría tomar varias horas de nuestra agenda diaria o inclusive varios días de la semana o varias semanas del mes.

Esto lo puedes/debes hacer con muchas cosas de tu vida diaria que te agobian por su complejidad en la serie de pasos, y al dividirlas en micro-tareas, no sentirás esa presión, porque cada paso y cada acción que completas te demuestra que estás avanzando, que estás progresando y que cada vez falta menos para ver esa actividad completada.

5. Delega todo lo que no tengas que hacer tú obligatoriamente:

Hay un montón de cosas en tu lista de asuntos pendientes que las puede hacer cualquier otra persona. A veces basta con pedirle el favor a nuestra pareja, a nuestro hermano, padres, hijos o tener a una persona a la que le pagamos por hora o por actividad.

Todas y cada una de las actividades que tengo en mi lista de pendientes, pasan por la pregunta: «*¿Esto debo hacerlo yo obligatoriamente o puede hacerlo cualquier otra persona?*» Si la respuesta es «*cualquier otra persona*», entonces no lo hago yo y le asigno esa actividad a alguien más.

Yo cuento con un equipo de trabajo y, además, tengo una asistente personal que se encarga de asuntos banales, como: llevar mis trajes y camisas a la lavandería, hacer trámites burocráticos, ir a la farmacia a comprarme lo que necesite, etc., etc., etc. Desde luego, tengo plena consciencia de que no todo el mundo tiene la posibilidad de tener un asistente personal y un equipo de trabajo, pero recuerda lo que te comenté anteriormente en el libro sobre ser recursivo.

Hoy en día contamos inclusive con ciertos servicios (dependiendo del país donde vivas) como Glovo, Rappi, etc., que te hacen los recados que necesites por una pequeña tasa.

Si eres de aquellos obsesionados por el control y de aquellos que crees que solo tú haces las cosas bien y que, si no lo haces tú, no sale bien, entonces date la oportunidad de demostrarte a ti mismo que no tiene que ser a tú manera, ni con tu método para que salga bien; lo importante es que se haga. Si hay algo que tienes pendiente y lo puede hacer otra persona, delégalo.

Mientras más permiso te des para delegar, más y más cosas encontrarás que podrás delegar y poco a poco, te darás cuenta de que tu día, lo dedicarás únicamente a cosas que solo tú, y nadie más que tú, puede hacer. Hay muchísimas cosas en mi día que no puedo delegar; yo no puedo delegar la creación de este libro, por ejemplo, podría delegar quizá la búsqueda de algún tipo de información adicional que complemente lo que quiero compartir contigo o la revisión, pero no puedo dejar en manos de otra persona la redacción, porque los que me conocen, se darían cuenta que no soy yo el escribe (porque yo escribo como hablo y tengo un estilo muy particular de comunicar). Lo importante es que en mi día a día, hago únicamente lo que yo, y solo yo, puedo y debo hacer (el resto, que se encargue/n otra/s persona/s).

Analiza todo lo que tengas en tu día a día que puedas dejar en manos de otra persona. Sé recursivo, sé creativo, piensa que probablemente sí puedas encontrar a alguien que te ayude, sin que te de vergüenza pedirle un favor a un amigo o familiar. No fastidies a la misma persona todo el tiempo con lo mismo, pero hay gente que estará encantada de echarnos una mano, simplemente tenemos que pedírselo (y pagárselo o retribuírselo de alguna forma).

6. Usa los tiempos muertos de forma productiva:

A lo largo del día, vamos teniendo un montón de tiempo muerto que desperdiciamos, en vez de usarlo para algo que nos ayude de alguna forma. Por ejemplo, tenemos cita en el médico a las 10am, son las 10:20 y el doctor aún está atendiendo al paciente anterior. Esos son 20 minutos que, si no los usamos para algo productivo (meditar, resetear el cerebro y filosofar sobre nuestra vida) entonces los estamos desaprovechando, muy probablemente, en las redes sociales.

Dependiendo de dónde estemos y de lo que estemos haciendo, podemos elegir alguna actividad que nos apetezca para aprovechar ese tiempo muerto. Por ejemplo, si estamos en un atasco en la carretera y somos nosotros los que estamos conduciendo, estamos muy limitados a la hora de usar ese tiempo muerto, pero yo en esos momentos, voy escuchando audiolibros o *podcasts*, así que, mientras voy conduciendo, estoy nutriendo mi cerebro. Podrías hacer lo mismo si a diario tienes que caminar de un lugar a otro durante 20 minutos o mientras vas en un transporte público.

Varias veces, he estado esperando por alguien con la que había quedado para vernos a una hora y esa persona, se atrasa por cualquier razón. Entonces, saco mi móvil y abro la aplicación que utilizo para tomar notas (Evernote) y voy escribiendo ideas para mis negocios, apuntando cosas que tengo que hacer (vaciado mental), planificando el día siguiente, en fin, cualquier cosa que pueda servirme para acercarme a mis metas.

No dejo que el tiempo se me escape entre los dedos por situaciones que no puedo controlar, sino que aprovecho esos tiempos muertos para algo productivo que, muy probablemente, igual tenía que hacer de cualquier manera, ese día o al día siguiente. Por lo tanto, un tiempo muerto lo he usado para «ganar» tiempo (no para tirarlo a la basura mirando las redes sociales).

No siempre tenemos que buscar algo productivo para hacer en esos momentos muertos; recuerda que el cerebro necesita descanso y es perfectamente válido usar esos momentos para no pensar en nuestras metas, sino simplemente, para «ser y estar», vivir el momento, prestarle atención a lo que nos rodea y desviar la mente por unos momentos de cualquier responsabilidad o asunto pendiente.

Aunque sería ideal que implementaras estas seis maneras de administrar mejor el tiempo, para que nunca más vuelvas a quejarte de que te «falta» tiempo, puedes hacer como te he comentado al inicio e implementar únicamente tres o cuatro; ya con esas verás que tienes mucho más tiempo, que antes «creías» que no tenías. Ya me contarás cómo te va.

La técnica del pomodoro

Pomodoro quiere decir tomate en italiano, y a esta técnica se le llama así por aquel *timer* o contador de tiempo en forma de tomate que hay en muchas cocinas y que impide que se nos queme la comida. Ese es el pomodoro al que se refiere esta técnica creada por Francesco Cirillo a finales de los años 80 y consiste en trabajar en períodos de tiempo cortos, fijos y específicos por aquello que queremos conseguir. Básicamente se trata de utilizar cualquier contador de tiempo (yo utilizo el del teléfono) y establecer un período de 15, 20 o 25 minutos (dependiendo de qué tan fácilmente te distraigas y te aburras) y trabajar de manera concentrada, sin levantarte ni darle atención a cualquier otra cosa, hasta que no suene la alarma del contador de tiempo.

Esta técnica es tan importante en mi vida y me ha ayudado tanto, que me mandé hacer un mural que dice: *«El pomodoro te salvará»*. También me he creado fondos de pantalla con esa frase y la leo constantemente. Yo, al igual que muchos, he sufrido de graves problemas de productividad y es la técnica del pomodoro la que siempre me ha sacado de ese agujero en el que entramos en determinados momentos de nuestra vida, en el que prácticamente no producimos nada, pero utilizando la técnica del pomodoro, verás un cambio maravilloso en tus resultados y en tu vida.

Veamos cuáles son los cinco pasos sumamente simples para ponerla en práctica:

1. Elige una tarea o actividad: Aquella que has estado postergando o cualquiera que sea importante para ti, pero que te cuesta un montón sentarte (o levantarte) a terminarla. Debes elegir una sola, no varias (escribir aquel artículo, hacer la contabilidad del mes, responder los emails pendientes, etc.)

2. Marca en tu contador un período corto de tiempo: La idea es que trabajes en períodos de tiempo cortos, de manera sumamente concentrada. La técnica original enseña que deben ser 25 minutos, pero por mi experiencia, considero que debes establecer el tiempo que mejor te funcione a ti (a mí me funciona mejor 20 minutos). Debes ver cuánto tiempo eres capaz de mantener tu concentración y colocar el contador un poco más de lo que eres capaz de mantener sin ningún problema. Por ejemplo, si ves que tu capacidad de atención normalmente son 15 minutos (comienzas a distraerte luego de 15 minutos) entonces pon 20 entonces en el contador. Desde luego, dependiendo de la actividad, te darás cuenta de que deberás poner más (porque se te pasan casi sin darte cuenta los 20 minutos) o poner menos (porque 20 minutos se te hacen una eternidad). La idea es que te «obligues» a mantener la atención en una sola actividad durante un espacio reducido de tiempo y trabajes sin parar hasta que suene la alarma.

3. Tómate un descanso de 5 minutos: Cuando suene la alarma, es el momento de distraerte en lo que quieras: puedes ver el Facebook, puedes contactar o responderle a alguien por WhatsApp, puedes jugar con tus mascotas, con tus niños, tomarte un café, lo que sea. Estos 5 minutos son para que quites la mente de la actividad que estabas realizando y le des un descanso al cerebro.

4. Analiza lo que has avanzado en ese bloque de tiempo: Concientiza y haz un pequeño análisis de qué fue lo que pudiste conseguir en tan pocos minutos. Si estabas escribiendo un artículo, cuenta cuántas palabras escribiste, si estabas respondiendo emails, cuenta cuántos respondiste. A veces se nos olvida llevar un registro de nuestro progreso y sentimos que no avanzamos, cuando en realidad, sí vamos consiguiendo pequeños avances en nuestras tareas pendientes.

5. Comienza un nuevo bloque: luego de esa pausa de 5 minutos y luego de ese pequeño análisis de progreso que hayas hecho, vuelve a poner el contador de tiempo con la misma cantidad de minutos que antes. La idea es que intercales un pomodoro (ese espacio de tiempo de trabajo concentrado), una pequeña pausa, otro pomodoro, otra pequeña pausa, y así hasta haber completado cuatro pomodoros. Luego de esos cuatro bloques de tiempo de trabajo concentrado, tómate un descanso más largo, de unos 15-20 minutos. De esta manera no sobrecargas el cerebro, lo mantienes siempre fresco, te agobias menos y avanzas más.

Esta técnica es ¡magia pura!, pero eso sí: tienes que practicarla a diario. Verás que si la practicas a diario, poniendo tus pomodoros a lo largo de un día de trabajo, adelantarás muchísimo trabajo.

Si cuando suene la alarma de alguno de esos bloques de tiempo, estás sumamente inspirado trabajando y te apetece continuar en vez de parar ¡Hazlo! ¡Eso es magnífico! Lo importante es que vayas progresando y cuando estamos inspirados ¡Aprovechemos al máximo esos momentos! Simplemente no olvides darle un descanso a tu cerebro de vez en cuando, para que no lo sobrecargues y luego no se te quede «colgado» como a veces le pasa al computador.

Como te he mencionado al inicio de esta sección, la técnica del pomodoro me ha ayudado ¡Muchísimo en mi vida! y siempre que me dan ataques de pereza, me digo a mí mismo: «*¡El Pomodoro te salvará! ¡Empieza y trabaja solamente durante 20 minutos!*» ...y sin darme cuenta, adelanto muchísimo trabajo en tan solo cuatro pomodoros!

MÉTODO KAIZEN

El método Kaizen se desarrolló más o menos en la época de la segunda guerra mundial y es buenísimo para ayudarnos a conseguir lo que queramos, sin agobiarnos.

Mark Twain dijo: *«El secreto para avanzar en la vida, es comenzar. Y el secreto para comenzar es desmenuzar todas las tareas grandes y complejas en tareas pequeñas y manejables, y a continuación, comenzar haciendo la primera».*

Cuanta sabiduría en esas palabras que casualmente, reflejan perfectamente la metodología Kaizen. Me recuerda también a otro dicho que dice: *«¿Cómo te comes a un elefante? Pues un mordisco a la vez».* Así, de mordisco a mordisco, de bocado a bocado, poco a poco, nos podemos comer un elefante entero (una gran tarea o proyecto) y esto es lo que transmite la metodología Kaizen.

Kaizen quiere decir mejoramiento continuo. La palabra Kaizen es una palabra compuesta entre:

改 Kai= Cambio
善 Zen= Bueno (para mejor)

Así que, podríamos interpretar este concepto también como: Cambiar para mejor.

El objetivo del Kaizen es ser 1% mejor que ayer. Repito: 1%. No 10%, ni 30%, ni el doble de lo que éramos ayer; es tan solo 1% mejor, ese el objetivo del método Kaizen y se trata de dar pequeñitos pasos hacia lo que queremos conseguir.

Básicamente lo que nos transmite el Kaizen es: ser hoy un poco mejor que ayer; mañana un poco mejor que hoy.

Yo tengo una regla personal que implemento y respeto a rajatabla: No irme a la cama por la noche sin haber avanzado un poco hacia lo que quiero conseguir. En otras palabras, cada día debo hacer algo que me acerque a mis metas, sin importar qué tan grande o pequeño haya sido ese progreso. Si te das cuentas, verás que esto va en contra de lo que posiblemente habrás escuchado muchas veces, que debemos trabajar muy duro cada día, que debemos hacer grandes cambios y grandes avances, cuando en realidad, eso trae un resultado contraproducente, porque nos agobiamos, nos cansamos, nos desmotivamos y nos desmoralizamos porque nos sentimos culpables.

Recuerdo haber leído una vez uno de aquellos memes de Internet (no recuerdo el autor) que decía: *«más vale ir lentamente en la dirección correcta que ir rápidamente en la dirección errada»*. Hay personas que son unas máquinas súper-veloces que dan vueltas y vueltas en círculo sin alcanzar nada realmente significativo o satisfactorio, mientras que otras personas, lentamente, poco a poco y cada día, van acercándose a la meta que realmente los hace felices.

Yo sé, sí, lo sé, que hay muchos perezosos empedernidos que al leer esto dirán: *«¡Perfecto! ¡Voy bien! Soy un vago 23 horas al día y durante 60 minutos ¡me acerco a la meta que me hará feliz!»* A menos de que tus metas sean tan pequeñas e insignificantes que te tomen pocas horas alcanzarlas, si avanzas a ese ritmo de una hora por día, te tomará años conseguir lo que quieres.

Hay metas y proyectos que requieren de 100 horas para alcanzarlas, otras que requieren de 10.000 horas. Establece un plazo realista en el que consideras posible y conveniente alcanzarla y ya tendrás una idea más o menos clara de cuánto tiempo por día deberás trabajar por conseguir lo que quieres.

Sea como sea, el camino al éxito es una maratón y no una carrera *sprint* de 100 metros planos de alta velocidad. Ve con paso firme, sin prisa, pero sin detenerte, y camina cada día lo que consideres suficiente para conseguir resultados, sin extenuarte.

¿Te has puesto la meta de leer más porque actualmente no lees ni una revista de *comics*? Pues empieza leyendo solo una página el primer día y al día siguiente, lee una página y un párrafo de la página siguiente, y al siguiente día, lee una página y 2 párrafos de la página siguiente, tal cual como lo sugiere el método Kaizen: pequeños progresos cada día. Si leyeras a este ritmo con esos pequeños incrementos cada día, probablemente te leerías un libro entero de 250 páginas en unos 3 meses, así que, podrías leer unos cuatro libros al año ¡como mínimo! (para quien al inicio no leía ni una revistita de comics, leerse cuatro libros al año ¡es un SUPER logro! ¿No crees?

¿Te has puesto la meta de ejercitarte más físicamente? No empieces con una rutina de 30 minutos de ejercicios al día, empieza con tan solo 7 minutos al día y luego ve aumentando unos 3 minutos cada día, a medida que vas adquiriendo el gusto por el ejercicio y poco a poco se convierta en parte de tu rutina diaria.

Intentar hacer grandes cambios de una forma brusca genera mucho agobio y al ver que no lo logras, genera decepción. La metodología Kaizen impide que te agobies y que te desmotives, porque no te crearás la expectativa de hacer grandes progresos, sino pequeños avances que se irán incrementando poco a poco cada día.

Siempre ten presente que el método Kaizen fomenta: pequeñas metas/pequeños triunfos. No pongas el listón demasiado alto al inicio; plantéate pequeñas metas iniciales, consigue pequeños triunfos y ¡celébralos! Estás trabajando y avanzando hacia lo que quieres conseguir.

ENFOQUE Y CONCENTRACIÓN

«Tu modo de pensar afecta poderosamente tu enfoque en el viaje al éxito». John Maxwell

Sin enfoque es muy difícil que podamos alcanzar nuestras metas; tú lo sabes, yo lo sé y todos los sabemos, pero lo que muy poca gente suele pensar es que **el enfoque es una decisión**. El enfoque no es algo que nos cae del cielo ni que llega de repente, es algo que nosotros debemos «activar» cuando más lo necesitemos.

Hay tantos estímulos externos y tantas cosas que nos roban nuestra atención que es bastante difícil concentrarnos de una manera innata o inconsciente. Por esto, debemos entrenarnos en enfoque y concentración, practicar constantemente como lo haríamos en una disciplina deportiva o con un instrumento musical.

Te voy a dar 5 sugerencias que a mí me han ayudado mucho a mejorar mi concentración y, más adelante, compartiré contigo 5 ejercicios que te ayudarán a desarrollar bastante la tuya:

1. Practica decirte «NO» constantemente: Dile no a todo lo que te vaya a distraer. Solemos ser muy autocomplacientes y generalmente le damos prioridad a la gratificación y satisfacción inmediata; tenemos que desarrollar la capacidad de negarnos aquellas pequeñas distracciones que nos hacen sentir bien en un momento. Con la práctica te volverás mejor, así que, hazlo con frecuencia.

2. Mantén presentes tus prioridades: Cuando olvidamos lo que es realmente importante para nosotros, solemos distraernos con mayor facilidad. Sabiendo que tenemos muy mala memoria, siempre que te distraigas (y te des cuenta) lees tus metas, tus motivos y porqué son importantes para ti. Luego: <u>decide</u> darles prioridad.

3. Elimina forzosamente las distracciones: no confíes en tu fuerza de voluntad; tu fuerza de voluntad es una mierd* (la tuya, la mía y la de todos). Nuestra fuerza de voluntad es demasiado débil y mientras más la forzamos, más se agota y menos funciona. No basta con poner el teléfono en silencio y con la pantalla hacia abajo para no ver cuando nos llegue alguna notificación, lo que debemos hacer es apagarlo o guardarlo en un cajón lejos de nuestras manos.

4. Abúrrete y distráete selectivamente: Como es imposible no distraernos, entonces vamos a hacerlo por opción propia, en el horario o el momento que decidamos. Decide cuándo tendrás tus momentos de distracción. Desde luego, habrá (muchos) momentos en que no lograrás controlar tu atención, pero aparta ciertas horas de tu día en las que te darás permiso de aburrirte y de distraerte. El cerebro siempre lo va a necesitar de todas maneras y más vale que seamos nosotros los que estemos en control de cuándo nos distraemos y que no sea el cerebro el que lo decida.

5. Planifica con detalle tus actividades del día: Uno de los mayores causantes de falta de concentración y distracciones constantes, es la falta de planificación, no tener claro lo que debemos hacer. Perdemos mucho tiempo saltando de actividad en actividad, nos volvemos un barco a la deriva y como decía Séneca: *«Jamás habrá viento favorable para el que no sabe a dónde va».* Tener un plan para cada día nos ayuda a mantenernos enfocados.

Cuenta cuántas veces utilicé la palabra «DECIDE» en las páginas anteriores. **El enfoque, es una decisión.**

5 ejercicios para desarrollar tu concentración

Muchas veces, los cambios más significativos en nuestra vida provienen de las cosas más sencillas. No sé por qué tanta gente espera que lo que realmente les cambie la vida, sea lo difícil, lo complicado o lo súper elaborado. De la misma manera que un truco de magia te puede sorprender por la ilusión que el mago ha creado, si te enteras cómo lo hizo, en muchos casos, te decepcionarías por lo básico y simple que, aunque requiere muchas horas de práctica y ensayo para que el acto salga bien (te lo digo con propiedad porque fui mago profesional durante 5 años) en realidad, no hay nada súper complejo, sino que es algo que requiere de práctica para que se vea bien.

Estos 5 ejercicios que compartiré contigo, puede que te parezcan muy simples y sé que aquellos más lógicos, analíticos o inclusive escépticos, dirán *«yo no creo que algo tan sencillo y tan fácil me ayude»*, pero créeme, te van a ayudar como me han ayudado a mí, si los practicas a diario; verás que tu capacidad de concentración aumentará de manera considerable:

1. Leer un texto durante un minuto de atrás hacia delante:

Elige una página de un libro o un artículo en internet y durante 60 segundos, lee desde el final hacia el inicio, palabra por palabra. Por ejemplo, usemos este texto como referencia:

«La concentración es como cualquier otra habilidad, debemos practicar a diario para desarrollarla»

Al leer esa frase de atrás hacia delante, la tendríamos que leer así:

«desarrollarla para diario a practicar debemos habilidad otra cualquier como es concentración La»

Estaremos leyendo un texto al revés, empezando desde las últimas palabras y avanzando con lectura de derecha a izquierda, en vez de izquierda a derecha (como normalmente lo hacemos) y de abajo hacia arriba, en vez de arriba hacia abajo. Esto lo hacemos por una simple razón: nuestro cerebro, a lo largo de los años y con tanta experiencia leyendo, es capaz de anticiparse a las palabras y a las frases que vienen en un texto, porque se mueve a una velocidad mucho más rápida que nuestros ojos. Además, nuestros ojos a través de la visión periférica captan muchas más palabras que aquellas que estamos leyendo en un determinado momento.

Por esto es por lo que muchas veces nos distraemos cuando leemos, porque el cerebro tiene «exceso» de tiempo libre; él ya anticipó lo que tu consciente aún no han captado y, por milisegundos, se distrae y se comporta como un niño que llevamos de viaje en el coche y constantemente nos pregunta: «*¿Ya estamos llegando? ¿Ya falta poco? ¿Cuánto falta? ¿Ya hemos llegado?*»; exactamente igual pasa con nuestra mente porque ya sabemos (sin tener consciencia de ello) lo que viene y tenemos tiempo para pensar en otras cosas.

Cuando desactivamos el piloto automático de nuestro cerebro, él tiene que trabajar en cada palabra, en cada frase, en cada línea; así que, cuando leemos un texto del final hacia el principio, vamos a tener que activar toda nuestra concentración para poder hacerlo correctamente.

Te recomiendo que practiques esto a diario y cuando veas que 60 segundos se vuelven muy fáciles o empiezas a sentir que te distraes, aumenta el tiempo a 90 segundos, y luego a dos minutos; si te distraes, tienes que volver a empezar.

2. Cuenta de 2 en 2, de 100 hacia abajo:

Normalmente, cuando contamos de 2 en 2, lo haríamos: 2, 4, 6, 8, 10, etc. En este caso, lo hacemos hacia abajo: 100, 98, 96, 94, etc.

¿Para qué? Para desconectar el piloto automático de nuestro cerebro y no dejar que la costumbre, aquello que hemos hecho tantas veces y que podemos hacer sin siquiera pensar, entre en modo de control absoluto y forcemos a nuestra mente a concentrarse en los números que vienen.

Estoy seguro de que tú podrías contar de 2 en 2 hacia arriba, sin ningún problema, mientras estás mirando el Instagram o conduciendo, pero contando al revés, probablemente perderías la cuenta.

Para algunos, contar de 2 en 2 hacia abajo es muy fácil. Si es tu caso, entonces prueba de 3 en 3 o de 4 en 4; si pierdes la cuenta, vuelve a empezar.

3. Cuenta cuántas veces aparece una letra en una página:

Elige una letra cualquiera, que no sea una vocal y que sea de preferencia una consonante poco usada, como podrían ser, por ejemplo, la X, la Z o la Ñ. Luego, cuenta (mentalmente, no por escrito, ni contando con los dedos) cuántas veces aparece esa letra en esta página o en la anterior. Si pierdes la cuenta, tienes que volver a empezar. Asegúrate que no te saltas ninguna. Al concentrar tu atención en la búsqueda de una letra específica y al mismo tiempo, mantener un conteo mental de cuántas veces va apareciendo en la página, estarás obligando a tu cerebro a poner todo su enfoque en dos actividades en simultáneo, que no suele hacer a diario y, por lo tanto, no tiene práctica adquirida que le permita entrar en piloto automático. La mejor manera de desarrollar nuestra capacidad de concentración es entrenando al cerebro a trabajar sin su piloto automático.

4. Crea frases cuya última letra de cada palabra, sea la inicial de la siguiente:

Este es uno de los ejercicios más divertidos (en mi opinión) sobre todo para los más creativos. Si no te consideras una persona creativa (aunque todas las personas lo son) te ayudará a desarrollar tu creatividad. Puede que te cueste un poco, pero esa es la idea; si no nos está costando, no nos estamos entrenando lo suficiente.

Debes crear una frase pequeña cuya última letra de cada palabra sea la letra inicial de la próxima palabra. Veamos un caso:

Si empezamos la frase con la palabra «Óscar», la última letra de esa palabra es la R, así que, la segunda palabra en la frase que vamos a construir debe empezar con la letra R, por ejemplo: «Oscar Reparó». Siguiendo la regla del ejercicio, podemos entonces crear una oración como esta:

«Oscar Reparó Obligatoriamente El Lavavajillas Siguiendo Órdenes Según Nicolas Se Expresó»

Un poco rara la frase ¿no?... pero no importa, porque tiene un mínimo de sentido, se entiende y no se trata de que seamos gramatical y semánticamente perfectos.

Este es uno de los ejercicios que va a exigir que tu atención y concentración den lo mejor de si. Crear una frase de alrededor de 10 palabras, que tenga un mínimo de sentido (como la del ejemplo) te podría tomar alrededor de cinco minutos (o más); tu cerebro tendrá que buscar profundamente en su banco de memoria y lo que realmente te costará, es distraerte.

Ya verás que este es un ejercicio al que le sacarás el mayor provecho y que realmente mejorará muchas de tus capacidades cognitivas a nivel general.

5. Elige un objeto y concéntrate en él durante un minuto:

Este ejercicio comienza «fácil», pero se vuelve «difícil» a medida que lo vas haciendo. Luego de elegir cualquier objeto que tengas cerca (por ejemplo, un reloj de pulsera), te concentrarás en él de la siguiente forma:

Vas a detallar y prestarle atención a todos sus detalles e irás narrando, mental u oralmente (como prefieras) sus características. Por ejemplo: *«Este reloj que llevo puesto en mi mano derecha tiene una base de aluminio con un cuerpo en cerámica, una banda o correa elástica deportiva multicolor con un cierre de velcro. Es un reloj inteligente de la marca de la manzanita; tiene en uno de sus lados un botón giratorio, justo al lado de lo que parece ser el orificio del micrófono».*

No se trata de decir *«tengo un reloj negro en mi muñeca»* y ya está; debemos prestarle atención hasta al más mínimo detalle, durante un minuto entero. Aquellos que se distraen más fácilmente, mirarán el objeto durante 5 segundos y se van a aburrir... y esa es la idea: forzar la atención en momentos de aburrimiento.

Obliga a tu cerebro a seguir buscando, analizando y percibiendo cada detalle de ese objeto y cada vez que te distraigas, vuelve a poner la atención en los detalles.

La concentración se desarrolla y se entrena como cualquier otra habilidad: a través de la constancia, la repetición y la práctica, de la misma manera que has desarrollado, sin darte cuenta, tu capacidad de distraerte fácilmente. Cuando estamos leyendo un libro y cada tres líneas levantamos la mirada de la página que estamos leyendo para ver algo a nuestro alrededor, o luego de cada párrafo o página, miramos el Facebook, el Instagram o el Whatsapp, lo que estamos haciendo es entrenarnos en el arte de la distracción constante. Estamos adquiriendo la destreza y el hábito de la distracción cada pocos minutos.

Algo tan básico como navegar en internet, abrir una pestaña de nuestro navegador y luego esa pestaña te lleva a otra cosa; luego esa otra cosa te recuerda que tenías que buscar algo en Google y abres una tercera pestaña; después tu búsqueda te lleva a otra cosa y ahora tienes cuatro pestañas abiertas en tu navegador y vas saltando entre ellas… eso es un Máster y PhD en distracción crónica.

Debemos entrenar al cerebro para que pueda hacer una sola cosa a la vez, durante un período específico de tiempo. Si los haces a diario y vas aumentando el grado de dificultad y tiempo de concentración, verás que te vuelves un maestro en enfoque.

EL ARMA (NI TAN) SECRETA DE LOS TRIUNFADORES: LA VISUALIZACIÓN

Una técnica tan poderosa y menospreciada por todos aquellos que no la entienden o los que la juzgan como una práctica esotérica, metafísica y sin fundamente científico, cuando en realidad, los atletas de élite, los militares, artistas y muchos otros profesionales la practican a diario y es lo que les ayuda a mantenerse entrenados y preparados, inclusive en aquellos momentos que están descansando.

La visualización es el acto de imaginar situaciones como que si ya han sucedido. No se trata de simplemente pensar, debemos visualizar con los ojos de la mente. Tengo plena consciencia que el concepto suena a esoterismo y sobrenatural, pero tiene fundamentos científicos y hay innúmeras investigaciones que la respaldan.

Como dijo Napoleón Hill «*El hombre, por sí solo, tiene el poder de transformar sus pensamientos en la realidad física. El hombre, por sí solo, puede soñar y hacer sus sueños realidad*». Esto tiene mucha relación con lo que dijo Albert Einstein: «*Si lo puedes imaginar, lo puedes crear*». Pero no se trata simplemente de imaginarlo como si fuese una fantasía, sino de visualizarlo en tu mente como un hecho real.

A los más soñadores (y perezosos) les tengo una mala noticia: no, no es suficiente con echarse en el sofá y «visualizar» que tienes un Ferrari en la puerta de casa esperándote para que vayas a darle un paseo. La visualización es un elemento de programación mental que requiere de acción para que se convierta en una realidad.

Probablemente habrás visto en la televisión cuando un clavadista olímpico, un patinador artístico o inclusive un paracaidista, momentos antes de iniciar su rutina o actividad, hace movimientos con sus brazos y con el cuerpo entero, mientras mantienen los ojos cerrados, como si ya estuvieran ejecutando su actividad. En realidad, ellos están visualizando lo que harán realidad pocos minutos después. Lo han entrenado mil veces, y momentos antes, siguen entrenándolo, pero a través de la visualización.

Esa es la teoría, pero en la práctica ¿Cómo se visualiza de la manera correcta?

Primero, es importante conocer que tenemos dos tipos de visualización:

1. Visualización interior: consiste en cerrar tus ojos (o también lo puedes hacer con los ojos abiertos, da igual) y ver en tu mente, en tu imaginación, un hecho específico: te ves ganando un premio, recibiendo un aumento de sueldo, firmando un contrato, ves a tus seres queridos riendo y muy saludables, etc. Nadie se entera de lo que estás visualizando, solo tú, es algo tuyo y nadie más que tú puede verlo como tú lo estás visualizando en tu mente, con la mayor claridad que sea posible. Inclusive, te imaginas los sonidos que hay en ese momento cuando ya has conseguido lo que quieres, sientes cuál es la temperatura que hay en ese momento, sientes el contacto de la ropa con tu cuerpo, los olores de ese momento, y desde luego, sientes la emoción, la alegría, la felicidad, el sentimiento de logro, la satisfacción, la euforia y la adrenalina del momento que tanto quieres ver realizado, porque en tu mente: ¡ya es un hecho!

2. Visualización exterior: En este caso nos valemos de recursos externos que nos ayuden a visualizar lo que queremos ver conseguido. Cuando observamos a otras personas que ya alcanzaron aquello que nosotros queremos y los admiramos (en vez de envidiarlos) eso nos ayuda a inspirarnos y a aumentar el deseo por conseguir el mismo resultado. También nos podemos valer de vídeos, imágenes o fotografías. Una manera muy popular de hacerlo y que posiblemente ya habrás escuchado, es a través de lo que llaman un *Vision Board*» o «Tablero de Visión». En este *Vision Board* vamos a ir colocando imágenes que representen todo aquello que queremos conseguir. Puedes buscar en Internet fotografías que ilustren eso que quieres (ganar un premio, firmar un contrato, ver a tu familia feliz y saludable, etc.) y mirar a diario esas imágenes, sintiendo la emoción, la alegría, la felicidad, el sentimiento de logro, la satisfacción, la euforia y la adrenalina de ese momento que tanto quieres ver realizado.

La primera vez que escuché el concepto del *Vision Board* fue cerca del año 2008 y desde entonces, he creado varios y puedo decirte que, a lo largo de todos estos años, alrededor del 80% de las imágenes que he puesto en mis *Vision Boards* sea han hecho realidad. Desde luego, he tenido que trabajar para conseguirlo y nada me calló del cielo, pero ver el *Vision Board* a diario, programa mi mente para tomar las decisiones correctas y las acciones correctas que me permiten conseguir lo que quiero.

Si te gusta la idea ¡genial! ¡haz tu propio *Vision Board*!

Si no te gusta la idea ¿Qué puedes perder? ¡Inténtalo! ¡haz tu propio *Vision Board*!

En caso de que nunca hayas hecho uno, te recomiendo que lo hagas siguiendo estos pasos:

1. **Define el formato que tendrá tu «*Vision Board*»**: hay quienes lo hagan en tableros de corcho que se cuelgan en la pared, otros compran una agenda o cuaderno de aquellos de dibujar y hay quienes lo hagan en digital. Personalmente, lo he hecho de varias maneras: actualmente tengo un tablero de corcho detrás de la puerta de mi despacho, así que, siempre que me paro delante de la puerta desde dentro, veo mi «*Vision Board*», pero también tengo esas mismas imágenes de mi *Vision Board* en mi *tablet* y muchas veces las pongo a reproducir como un *slideshow* de diapositivas, con una música de fondo motivadora. Tú decide cómo quieres que sea, así que, elige el formato que te atraiga más.

2. Selecciona imágenes que motiven y representen aquello que deseas: tienes que colocar allí cualquier cosa que ilustre todo lo que quisieras tener, todo lo que quieras hacer, todo lo que quieras ser, con quién quieras estar, todo aquello en lo que quieras convertirte. Busca imágenes en revistas, en internet, en libros, donde sea y colócalas allí en tu «*Vision Board*». Algo importante que te recomendaría es que, siempre que puedas, utiliza imágenes en «primera persona», es decir: si una de tus metas es atravesar el mundo en un velero, no busques fotos de veleros tomadas desde el aire o desde otro barco; busca imágenes tomadas por alguien dentro de un velero. La idea es que las imágenes sean una representación de lo que verán tus ojos. Por ejemplo, una de mis metas hechas realidad fue haber podido pasar un tiempo en un templo budista en Japón (no soy budista, pero admiro y comparto mucho de su filosofía). Las imágenes de esta meta que tenía en mi vision board eran siempre cómo se veía el lugar desde dentro, la entrada del lugar, la mesa con la comida delante; todo visto en primera persona como que si esas imágenes fueron captadas por mis ojos. Eso ayuda bastante a hacerlo más real.

3. Coloca el «*Vision Board*» en un lugar visible: si es en formato físico, elige el lugar de tu casa o de tu despacho donde lo puedas ver constantemente. Como te he comentado anteriormente, yo lo tengo en la parte trasera de la puerta de mi despacho, así que, cuando estoy con la puerta cerrada, siempre lo veo. Algo importante que debes evitar es ignorarlo por costumbre; lo ves tantas veces que comienzas a ignorarlo, como muchísimos otros objetos que tienes en casa. Si lo haces en digital, ponlo como protector de pantalla siempre que tu ordenador o computador entre en modo de suspensión. Sea como sea, no lo guardes en un cajón para nunca más verlo. Tenlo siempre presente.

4. Utiliza tu «*Vision Board*» a diario para visualizar: No sirve de nada crearlo y mirarlo sin visualizar. No es lo mismo ver o mirar que *visualizar*. Recuerda que debes sentir el momento, imaginar los sonidos, la temperatura de ese lugar, etc. Usando el ejemplo anterior del velero, yo me imaginaría el viento fuerte en mi cara y en mi cuerpo, el olor a salitre del mar, el sonido del viento impactando las velas y los sonidos metálicos en el mástil, la sensación de paz y tranquilidad que me transmite el mar, etc. Recuerda visualizar usando imaginariamente todos tus sentidos y las emociones que sentirás mientras disfrutas de tu meta alcanzada.

5. Replantea y reorganiza tu «*Vision Board*» cuando sea necesario: a medida que van pasado los días, semanas, meses y años, van cambiando nuestros logros, metas y prioridades sobre aquello que nos interesa; debemos replantearnos lo que hayamos colocado en nuestro *Vision Board* y hacer los cambios necesarios. Si inicialmente tenías la meta de tener un coche o auto sumamente lujoso, pero luego eso dejó de interesarte, quita esas fotos del auto lujoso y pon otro que esté más acorde con tus nuevos intereses. Si tenías el sueño de crear una fundación para niños pobres, pero luego de pensártelo mejor, quieres hacerla para ancianos, entonces haz los cambios en tu *Vision Board*. Debemos ser consistentes y perseverantes, pero también debemos aceptar que nuestras prioridades van cambiando y vamos alineando nuestras metas con ciertos valores, para no sentir conflictos internos que nos sabotean.

Practica la visualización, tanto la interior como exterior, con la mayor frecuencia y regularidad que puedas, inyectándole muchas emociones y sentimientos a esas imágenes que visualices (no es un asunto esotérico, te lo aseguro) y verás que eso será uno de los elementos más importantes de tu programación mental para que consigas prácticamente todo lo que quieras.

CÓMO HACER REALIDAD ALGO QUE NUNCA HAS VISTO

Puede que ahora o anteriormente te hayas planteado ciertas metas que sabes que te gustaría alcanzar, que harían tu vida mucho mejor, pero te cuesta creértelas. Como nunca has tenido algo ni siquiera parecido en tu vida, te cuesta mucho visualizarlo, porque tu mente no logra encontrar en su banco de memoria algo similar.

Estamos tan acostumbrados a «ver para creer» que cuando no vemos algo, nos cuesta creerlo, cuando en realidad debemos hacerlo al revés: *«no creas todo lo que ves, pero cree en todo lo quieras ver»*.

Muchas veces nos creemos algo simplemente porque lo hemos visto y aunque eso forma parte de la naturaleza de la vida (si logras ver tus manos, entonces obviamente te crees que tienes manos), hay cosas que nuestra percepción de la realidad nos hace creer y que, en realidad, no son lo que creemos; la percepción de la realidad es mucho más fuerte e influyente que la propia realidad.

Lo que nosotros creamos acerca de la verdad o de la realidad tiene mucho más peso que la verdad en si. Cuando tienes una percepción o imagen de alguien, por ejemplo, esa persona te cae mal y te parece desagradable, pero a tus amigos les cae muy bien y les gusta su compañía, la «realidad» acerca de esa persona es la misma para todos, pero tú, probablemente, la estás jugando por un par de cositas que no te gustaron o que no son compatibles contigo.

Esto también pasa con situaciones, emociones, metas u objetivos que queramos alcanzar; nos creamos una percepción de algo que no necesariamente es verdad.

La principal diferencia entre un soñador y un visionario es la capacidad de distinguir entre lo que es real de lo que es realizable. Todos los visionarios del pasado, aquellas personas que vieron algo que los demás no eran capaces de ver, que se imaginaron un futuro que los demás no eran capaces de imaginar, que lograron diseñar en su mente un invento o cualquier cosa que en ese momento no se podía ver ni tocar, esos visionarios no estaban basando su juicio o percepción en lo que era real en ese momento (porque no existía), sino en lo que era realizable, es decir, lo que se podía realizar.

Si tienes el sueño de viajar a Tailandia, probablemente sea porque has visto fotos, vídeos o conoces a personas que te han contado acerca de sus maravillosos viajes al país del sudeste asiático. Sabes que Tailandia es real, sabes que otras personas han viajado hasta allá y sabes que, para ir, probablemente tendrás que ahorrar, ver la mejor época del año y comenzar a buscar opciones de alojamiento. Pero ¿Qué sucede si tu meta es ganar 100 millones de Dólares/Euros con tu negocio o a través de inversiones? Probablemente pensarás: «*¿Cómo rayos me voy a visualizar ganando 100 millones de Dólares si ni siquiera he podido ganar el 0,1% de esa cantidad en toda mi vida?*».

Es aquí donde entra la capacidad de creer que algo es realizable y la capacidad de creer que tenemos (o lograremos obtener) las habilidades necesarias para conseguir lo que queremos.

Atención: absolutamente todos (exitosos o no) sufrimos, de una forma u otra, de inseguridad y miedo a la incertidumbre. Cuando estamos delante de un nuevo proyecto o de una meta, es normal que sintamos que algo nos falta, que no estamos suficientemente preparados, que necesitamos más conocimientos, más sabiduría, más experiencia, etc., pero lo que diferencia a los triunfadores del resto, es la capacidad de tomar acción a pesar de todos esos pensamientos.

Como digo en mi libro «*Triunfar con Miedo: Cómo tomar acción sin que el miedo sea una limitación*»», no se trata de eliminar el miedo, sino de aprender a actuar a pesar del miedo. Debemos definir lo que queremos, crear un plan (o varios) y tomar mucha acción, aunque tengamos dudas (recuerda la teoría de la expectativa del Profesor Victor Vroom que te comenté en el capítulo de *«Cómo aumentar el deseo por conseguir lo que quieres»*).

La base para hacer realidad algo que nunca hemos visto es crearnos un patrón o una referencia sobre esa meta, objetivo o sobre lo que sea que queramos ver realizado. Por ejemplo, para muchísimas personas, ganar 1.500 euros o dólares al mes está bien y ese es su estándar; allí tienen puesto el listón. Como le dicen algunos: han puesto allí su termostato financiero.

Cuando el termostato baja de ese valor sienten que hay un problema. Cuando sube y pasa ese límite que se han puesto, de manera consciente o inconsciente, bajan al nivel que ellos se han puesto como estándar y por eso es por lo que tanta gente no logra subir el nivel de vida, porque tienen puesto el listón muy bajo. Mientras que otras personas que tienen su listón puesto en los 4.000 dólares o euros al mes, si ganan menos que esa cantidad, empiezan a dispararse todas las alarmas. Tu estándar define lo que alcanzarás.

Así que, el primer paso sería definir cuál es nuestro estándar: ¿Cuál sería aquella realidad que nosotros tomaríamos como algo realmente satisfactorio para nosotros?

Vamos a utilizar el ejemplo de otras personas que ya están por encima de nuestro estándar; aquí es cuando la comparación se vuelve buena (cuando se hace de una manera saludable), es un estímulo, en vez de crear envidia o rencor, más bien crea inspiración, y eso es, por ejemplo, lo que a mí me sucede siempre que viajo a Dubai.

Dubai es para mí una ciudad que me inspira, que me hace creer que absolutamente todo es posible. Si esa gente ha construido esos rascacielos sobre un montón de arena, entonces yo puedo encontrar mi manera de alcanzar mis metas. Si ellos piensan a lo grande y han construido cosas grandiosas, entonces yo también puedo pensar a lo grande y rodearme de las personas que me ayudarán a volverlo una realidad.

La comparación, en este caso, se hace como terapia de inspiración, en vez de hacerlo para sentirnos inferiores, discriminados y sentir envidia cuando vemos que otros tiene algo que nosotros queremos, pero no tenemos.

A muchos les cuesta creer que serán capaces de alcanzar y conseguir lo que otros tienen y por eso no hacen los cambios necesarios para conseguirlo. Para poder volver realidad algo que nunca hayamos visto, debemos visualizarlo como que si ya lo hemos visto, como si ya lo hemos tenido en nuestras manos. Si quieres ganar 100 millones de dólares o euros, te costará ver tu cuenta bancaria con esa cantidad, pero tienes que visualizarlo como que si es verdadero.

Hace varios años, cuando yo estaba totalmente quebrado (y no creas que fue hace tanto, estoy hablando del año 2007/2008) no tenía dinero ni para pagar el alquiler de la casa donde vivía y recuerdo que, en aquel entonces, 5.000 euros era una cantidad enorme de dinero para mí; ver 5.000 euros en mi cuenta bancaria era prácticamente imposible de visualizar porque jamás había visto algo que no fuese número negativos. Sin embargo, lo que hice fue hacerle una captura de pantalla a mi cuenta bancaria, y con el Photoshop, edité el valor negativo que tenía (-197 euros) y lo convertí en 5.024 euros. Esa imagen «photoshopeada» de mi cuenta bancaria la puse de fondo de pantalla en mi ordenador y todos los días la veía, sabiendo que era falso, que no tenía esa cantidad en mi cuenta, pero todos los días veía la imagen como que si fuese verdadera; hasta que dejé de prestarle atención consciente, pero mi subconsciente seguía haciendo su trabajo: ver como algo «normal» tener en mi cuenta 5.024€.

Este es un buen ejercicio para que, lo que al inicio nos parece imposible, el subconsciente lo vaya grabando, asimilando y buscando la manera de hacerlo realidad.

Ganar 100 millones de dólares o euros no es imposible para ti, es perfectamente realizable; la prueba está en que hay miles de personas en el mundo (con menos inteligencia que tú y con un pasado peor que tu presente) que han ganado esa cantidad y muchísimo más, entonces tienes pruebas de que sí es realizable. Cuando nos ataca aquella duda, aquel temor que nos dice: *«no, yo en mi caso no creo que sea realizable porque yo no tengo esto o aquello; yo tengo muchas limitaciones; mi caso es distinto»*, empezamos entonces a averiguar y a analizar la vida de aquellos que ya lo han conseguido y nos vamos a dar cuenta que ellos tenían limitaciones muchísimas más grandes que las que tenemos nosotros ahora.

Para superar esa desconfianza que tenemos hacia nosotros mismos, debemos involucrarnos más, participar más, tomar el mando y control de muchas más cosas, siendo proactivos en todo.

El estado mental de quien siente que va por la vida como un pasajero siendo llevado por las decisiones y acciones de los demás, aquél que sigue al pastor y al resto del rebaño (ya sabes el tipo de persona de la que hablo) tiene un estado mental es muy distinto y se vuelve mucho más vulnerable que aquellas personas que sienten (y se comportan) como el piloto de su propia vida; saben que cumplen un papel en la sociedad y que forman parte de la tripulación de la sociedad, pero son el piloto de su propia vida. Muchísimas personas que sienten poca autoconfianza son las que prefieren sentarse en el banco trasero del vehículo de la vida, en vez de agarrar el volante.

En psicología hay algo llamado Locus Interno y Locus Externo. Los que tienen un locus externo más desarrollado, creen que absolutamente todo lo que tienen en la vida y todo los que le pasa en la vida es culpa de factores externos. Mientras que los que tienen un locus interno más desarrollado, aceptan la responsabilidad de prácticamente todo lo que tienen y todo lo que les sucede.

Aunque ninguno de los dos extremos es bueno, más vale que tengas un poco de exceso de locus interno, que del externo. Es decir, más vale que creas que tú eres en gran parte responsable de todo lo que tienes y todo lo que te sucede, porque eso te pondrá en constante movimiento y nunca te quedarás sentado esperando que algo te caiga del cielo.

Luego, podemos empezar a dar pequeños pasos que nos ayudarán a sentirnos como que si ya hemos logrado lo que queremos. Te pongo un ejemplo: supongamos que quieres ganar muchísimo más dinero de lo que ganas actualmente, obviamente porque te gustaría tener un nivel de vida más alto, viajar en primera clase, alojarte en buenos hoteles, ir a restaurantes de mayor calidad, darle una mejor vida a tu familia, mejor educación a tus hijos, etc. Sin embargo, si nunca has estado en esos entornos, te costará visualizarte como que si ya lo has conseguido. En ese caso, puedes hacer un ejercicio que yo hice hace varios años cuando ganaba muy poco dinero y, basándome en algunas de las prácticas de la ley de la atracción (soy de los que piensa que sin acción, no hay atracción que valga) para poder visualizarme más fácilmente en un hotel de 5 estrellas, rodeado del tipo de gente que se aloja en esos hoteles, lo que hice para ayudarle a mi subconsciente a asimilar esa idea como algo «normal», fue ahorrar durante tres meses para ir a desayunar (solamente desayunar) en un hotel de cinco estrellas.

El desayuno en un hotel cinco estrellas (dependiendo del país y del nivel del hotel) puede costar alrededor de 15-20 euros, así que, solamente tenía que ahorrar 5€ por mes, para poder ir a desayunar en hoteles de cinco estrellas cada tres meses. Me ponía mi mejor ropa de sábado por la mañana (la única buena que tenía) y me sentía como un faraón egipcio desayunando en un hotel de esa categoría. Normalmente me hubiese costado solo unos 4€ desayunar en cualquier sitio modesto de la calle, pero poder desayunar en un hotel de lujo cada tres mes, pagando un precio de lujo (aunque no más que lo que me costaba ir al cine con mi novia) me ayudó a adquirir el estado mental de quien frecuenta ese tipo de lugares y la visión se convirtió en algo mucho más realizable.

Pocos años más tarde, eso se volvió normal en mi vida. Desde el año 2011 aproximadamente, me alojo en hoteles de cinco estrellas la mayor parte del tiempo, viajo en primera clase en vuelos largos y voy a buenos restaurantes al menos una vez al mes.

Evidentemente, el ejercicio que te acabo de compartir no fue el único causante del cambio en mi vida, pero sin duda, ayudó a visualizar de una manera muy real, algo que nunca había tenido, ni hecho.

Cuando nuestra mente se abre a una nueva realidad, aparecen un montón de oportunidades que antes ni nos dábamos cuenta de que existían y son ellas las que nos cambian la vida. Es importante entrenar nuestro sistema de activación reticular para que se fije en esas oportunidades y nos dé las pistas necesarias para ir construyendo la vida que queremos y que nos merecemos.

Siempre que estés delante de alguna meta o «sueño» que te parece imposible de alcanzar en tu realidad actual y te cuesta visualizarte, exponte a los entornos, personas y lugares que serán parte de tu vida en ese futuro que quieres construir.

DESARROLLANDO UNA AUTOCONFIANZA DE ACERO

«Nada construye tanto la autoestima y el autoconcepto, como los logros» Thomas Carlyle.

Nosotros somos, en gran medida, responsables de todo aquello que seremos capaces de alcanzar, y si no confiamos en nosotros mismos, tendremos la derrota prácticamente asegurada.

Tu desmotivador número uno es tu diálogo interno; aquella vocecilla que te está diciendo constantemente porqué no lo vas a lograr, la que te recuerda todo aquello de lo que careces, en lo que eres peor que los demás, todas las veces que has fracasado anteriormente, etc.

Esa voz que intenta protegernos de lo malo, en realidad, nos aleja de lo realmente bueno y debemos tener muchísimo cuidado con nuestro diálogo interno.

La autoconfianza se construye y se desarrolla cada vez que nos levantamos de una caída. No confiamos en que jamás caeremos, sino confiamos en que nos podremos levantar de cada caída, más fuertes y sabios.

Tener una autoconfianza de acero no se trata de pensar *«Todo va a salir bien»* sino de pensar *«Aunque salga mal, tendré la capacidad de levantarme, aprender la lección y en futuros intentos, hacer que salga bien»*. Eso es tener una autoconfianza de acero.

Pensar de manera positiva es crucial, pero como siempre lo digo: con los pies en la tierra. De nada sirve ser un soñador, creyendo que todo será magnífico, maravilloso, que todo estará siempre bien, mientras que, en el fondo, se están tapando un sufrimiento interior, una tristeza interior, un grandísimo problema de seguridad en si mismos y tratan de disfrazarlo con *«Todo saldrá bien»*.

Tenemos que ser positivos, claro que sí, no podemos ser pesimistas ni negativos, pero debemos tener los pies en la tierra. Eso es lo que nos conecta con la realidad, es lo que une lo que somos con lo que queremos ser. No debemos usar el elemento de «pies en la tierra» como un peso o yunque que no nos deja volar, sino como un ancla que no deja que nos lleve la marea.

Dicho esto, voy a recomendarte 7 prácticas para aumentar tu autoconfianza y sentir que siempre podrás con lo que tengas delante:

1. No te compares con los demás: tú eres único, tienes una historia única. Posiblemente tú no tienes ninguna relación con la historia de los demás, así que, ¿Para qué compararnos con ellos? Si ellos han logrado más y mejores cosas, quizá sea porque tienen una historia distinta a la tuya, un camino recorrido distinto al tuyo y una serie de derrotas por las que tú no has pasado aún. Podemos usar la vida de los demás como inspiración o referencia, pero nunca como comparación de «quién es mejor». Ellos tienen habilidades que tú no tienes y tú tienes habilidades que ellos no tienen. Son muchos factores los que determinan el éxito o fracaso de alguien, así que, escribe tu propia historia, basándote en tu propia vida.

2. Concientiza tus logros pasados: tenemos que mantener un registro de todo aquello que hemos logrado, por más pequeño que sea. Debemos fijarnos en lo que hemos hecho mal para aprender y mejorar, pero al mismo tiempo, debemos ver todo lo que hemos conseguido y lo que nos demuestra que somos suficientemente capaces de conseguir lo que queramos. A veces hemos tenido ayuda de otras personas, otras veces hemos tenido algún recurso o herramienta que nos ayudó a alcanzar una meta, y no debemos olvidar que, si hemos triunfado en algo en el pasado, podremos hacerlo en el presente y en el futuro. Lo interesante de la vida y lo que mantiene la emoción, es que los triunfadores siempre subimos el nivel de las metas que queremos alcanzar y constantemente nos retamos a nosotros mismos para conseguir metas más grandiosas.

3. Acepta que el fracaso es parte del éxito: Como te he dicho anteriormente, tener autoconfianza no se trata de creer que nunca fallaremos, sino de tener plena consciencia de que, para triunfar, nos vamos a tropezar y a caer varias veces. La confianza no la ponemos en el resultado, la ponemos en nuestra capacidad de alcanzar ese resultado. A veces nos costará más y otras veces menos, pero cada fracaso nos enseña muchas lecciones, entre ellas, que debemos seguir preparándonos, que aún no ha llegado nuestro momento y que debemos continuar nuestro entrenamiento para finalmente triunfar. Jamás te autocastigues o te recrimines un fracaso o error que hayas cometido. Analiza lo que sucedió, toma nota de lo que debes mejorar, levántate y vuelve a intentarlo con la experiencia que antes no tenías.

4. Fórmate y amplia tus conocimientos: si hay un factor que empeora la falta de seguridad en nosotros mismos, es sentir que no sabemos o conocemos lo suficiente, que no tenemos suficiente experiencia, que nos falta entrenamiento. Lo bueno, es que eso se cura de una manera muy simple: formándonos y entrenándonos constantemente. No me refiero solo a teoría; leer 10 libros y asistir a 20 cursos nunca te dará todo lo que necesitas, sino la mezcla de estudio con implementación, la mezcla de ejecución con ensayo y error te dará la confianza que necesitas para enfrentar cualquier situación.

5. Trabaja a diario en tus metas: si sientes que estás perdiendo el tiempo y que la vida se te está escapando entre los dedos, obviamente te sentirás inseguro. No hay mayor motivador que el progreso, así sea poco a poco. Nunca debemos irnos a la cama sin haber avanzado un poco hacia lo que queremos conseguir y ser testigos de nuestro propio progreso, aumenta en gran medida la confianza en nosotros mismos de que seremos capaces de alcanzar, más tarde o más temprano, lo que nos hemos propuesto.

6. Revisa frecuentemente tus motivos: ¿Serías capaz de saltar entre dos edificios, desde el tejado, separados por 2 metros, a 15 plantas de altura? Probablemente te c*gues del miedo y ni te atrevas a acercarte al borde del tejado. Pero, y si del otro lado está un ser querido en riesgo de muerte ¿Saltarías? Probablemente sí, y sin pensarlo. Muchas veces olvidamos porqué queremos lo que queremos y olvidamos los motivos que tenemos para triunfar. Seguramente habrás visto en Internet aquellos vídeos de personas haciendo cosas impresionantes para salvar a otra persona o a un animal; ellos no están pensando en si confían en que serán capaces o no, lo único que tienen claro es el objetivo a alcanzar y eso les da la confianza para tomar acción. Recuerda con frecuencia porqué es importante para ti. Eso te dará confianza.

7. Observa y gestiona tus creencias limitantes: todos tenemos creencias que nos limitan, creemos cosas que no necesariamente son ciertas, buscamos evidencias que comprueben que tenemos razón, pero ese es tan solo nuestro sesgo de confirmación jugándonos una partida. El cerebro nos trata de convencer de algo que no necesariamente es verdad, así que, tenemos que prestarles muchísima atención a aquellas creencias que no nos están dejando llegar a donde queremos. Si vemos que otras personas han alcanzado lo que nosotros queremos alcanzar y nos damos cuenta de que piensan de una manera distinta y creen cosas distintas a lo que nosotros creemos, debemos cuestionar esas creencias y valorar si continuarán deteniéndonos, en vez de ayudarnos a acercarnos a nuestra meta.

Todo esto que he compartido contigo está interconectado y si lo haces parte de tu vida y de tu día a día, verás que tu autoconfianza aumenta y dejarás de ser tu peor obstáculo para alcanzar lo que quieres.

7 TRUCOS PARA SER MÁS DISCIPLINADO EN TU DÍA A DÍA

«Todos debemos sufrir uno de dos dolores: el dolor de la disciplina o el dolor del arrepentimiento. La diferencia es que la disciplina pesa gramos, mientras que el arrepentimiento pesa toneladas». Jim Rohn

Este es un tema que, aunque tengo una conferencia entera explicando porqué no debemos depender de nuestra capacidad de ser disciplinados, muchas personas consideran la falta de disciplina la causa Nº1 de sus fracasos.

Todo es una elección de vida, todo es una opción. Nosotros podemos decidir si somos buenas o malas personas; de la misma forma podemos decidir ser disciplinados, mucho más activos y organizados.

Cuando asumimos que absolutamente todo está en nuestras manos, entonces sentimos un mayor poder de hacer lo que sea necesario por conseguir lo que queremos. Sin embargo, muchísima gente opta por el camino de *«no, es que yo no nací con esa habilidad. Es que a mí no se me da bien disciplina y mucho menos ser organizado, yo soy una de aquellas ovejas negras del universo…»* No, no lo eres; tú estás decidiendo pensar y comportarte como una oveja negra del universo, pero no lo eres.

Tienes libertad absoluta para decidir lo que te dé la gana, entonces elige ser un triunfador, una persona exitosa y compórtate como tal.

Yo no soy la persona más disciplinada del mundo, me queda muchísimo por desarrollar. De hecho, estoy absolutamente seguro de que el tiempo de trabajo disciplinado en mi día a día, es la minoría. La mayor parte de mi día es indisciplinadamente productiva y a mí me funciona de esa manera.

Hace algunos años decidí ser improductivamente productivo y no preocuparme tanto por la velocidad sino por el progreso. En vez de ponerme metas y plazos de *Superman* y querer alcanzar un montón de cosas en un solo día, decidí más bien hacer progresos diarios que me acerquen a mi meta. Mi filosofía es: no irme a la cama por la noche sin haber avanzado un poco hacia lo que quiero conseguir.

En parte, la culpa es de los medios de comunicación, de las películas y de la vida «falsa» de algunas personas en las redes sociales que nos hacen creer que tenemos que ser súper rápidos en todo. Date cuenta, cada vez salen coches más rápidos, los servicios nos hacen esperar mucho menos y esto ha creado que todos tengamos una paciencia tan ridículamente reducida que lo queremos todo para ayer ¡Todo! Y esto a nivel de productividad, de disciplina y de progreso, nos crea falsas expectativas. Tampoco debemos dormirnos en los laureles, no debemos ir mucho más lento de lo que deberíamos, pero sí que debemos tomarnos las cosas con determinación, con proactividad y con paciencia, las tres cosas.

Hay muchísima gente que se las toma solo con calma y paciencia, dicen: *«mañana seré productivo, hoy tengo pereza»*. Es la combinación de proactividad, determinación y paciencia lo que nos ayuda a progresar, a tener resultados que se van acumulando, y gracias a esa acumulación de resultados, es que nos vamos dando cuenta que, poco a poco, sí que hemos estado trabajando por alcanzar nuestras metas.

Es sumamente importante tener noción de nuestros logros, llevar un registro de ellos, porque muchas veces nos concentramos tanto en lo malo que se nos olvida que sí que hemos avanzado un montón. Sí, aún nos queda mucho camino por recorrer, es verdad, pero hemos avanzado y vamos a celebrar nuestro progreso.

Ahora, quiero que te preguntes: ¿Cuál sería aquel elemento crucial que deberías cambiar en tu día a día, en tu rutina, en tus hábitos para poder conseguir más cosas y tener un mayor progreso? ¿Qué crees que deberías cambiar en lo que haces en tu día a día para acercarte a aquello que quieres?

Hay pequeñitas cosas que traen un gran impacto en nuestras vidas. A veces, simplemente necesitamos cambiar el orden de algunas actividades que hacemos en nuestro día a día para que nos representen un gran cambio, así que, comienza por un pequeño cambio, no intentes hacer uno demasiado radical que te podría agobiar y decepcionar; comienza por descubrir esas pequeñitas cosas que podrías cambiar y que te ayudarán a avanzar.

Ahora compartiré contigo 7 trucos que a mi me han ayudado a aumentar y mejorar mi disciplina:

1. Elimina los puntos de fricción: muchas veces nos cuesta ser disciplinados por pequeñas piedras que tenemos en los zapatos. Yo le llamo fricción a todo aquello que no nos deja avanzar con suavidad, que no nos deja deslizarnos como en la seda y eso es lo que causa fricción. De la misma manera como en una superficie la porosidad y microorganismos hacen que un objeto no se deslice suavemente, de la misma manera nosotros tenemos fricción en nuestra vida.

Son cosas que nos hacen el trabajo más difícil, que nos hacen sentir incómodos. Debemos buscar lo que sea que nos esté molestando, bien sea que nos falta un accesorio, una herramienta o nos falta acondicionar el espacio de trabajo y debemos tener atención a todos los detalles, para eliminarlos o al menos, mejorarlos.

Te doy un ejemplo propio: hace varios años atrás, cuando no tenía mi estudio donde grabo mis vídeos, los grababa en el salón de mi casa. Cada vez que iba a grabar un vídeo, tenía que mover algunos muebles, bajar al trastero para buscar las luces, montarlas y debía armar un estudio improvisado ahí en el salón. ¿Qué ocasionaba esto? Que era tanta la fricción de ponerme a grabar vídeos, que nunca grababa. Tan pronto tuve la oportunidad, designé un área de grabación en una nueva casa a la que me mudé un par de años más tarde y ya estaba todo montado y listo para grabar. Eliminé la fricción para grabar

Busca lo que te causa fricción y acondiciona lo que necesites para que te cueste menos y trabajes más a gusto por alcanzar tus metas.

2. Sufre gradualmente: sí, he utilizado la palabra sufrir, porque en un momento u otro, debemos sufrir. Empieza por un pequeño sufrimiento, pero al mismo tiempo, consistente; ese pequeño y consistente sufrimiento auméntalo poco a poco. Aumenta el tiempo que le dedicas, aumenta un poco la intensidad hasta que te acostumbres, y a medida que vayas subiendo de intensidad, ya no te sufrirás como lo hacías al inicio.

A veces el problema es que nos ponemos metas irrealistas y sufrimos de un solo golpe. Nos planteamos ocho horas ininterrumpidas de trabajo concentrado y eso es totalmente absurdo. Podemos comenzar a trabajar de manera concentrada durante 15 minutos, luego aumentar a 20, aumentar a 30, aumentar a 45 y cuando menos te des cuenta, verás que llevas 4 horas trabajando de manera concentrada y productiva, porque esos 15 minutos iniciales ya no son nada para ti; aquellos 45 minutos que fuiste aumentando luego de varias semanas, ya no representan ningún sufrimiento para ti. De la misma manera que vamos aumentando, poco a poco, el peso en las máquinas del gimnasio, de la misma manera, poco a poco, lo hacemos con el sufrimiento de la disciplina.

Piensa en algo que al inicio te costaba muchísimo o te causaba sufrimiento y que ahora haces con total naturalidad. Todo se «cura» con el entrenamiento constante.

3. Transforma la frustración en combustible: ten consciencia de lo que sientes cuando no cumples lo que te habías propuesto. Si eres una persona enfocada en el éxito y te preocupas por ser cada día mejor, estoy seguro de que te frustras cada vez que no alcanzas una meta ¿Cierto? Por otro lado, piensa en aquello que sientes cuando, luego de forzarte un montón, de obligarte, de llorar y sufrir, logras lo que te habías propuesto.

Esto te recuerda que el sentimiento de satisfacción y de orgullo (aun con todo el sufrimiento) es mucho más agradable que lo que sientes al frustrarte. Entonces, vamos a reencuadrar la frustración y convertirla en combustible, vamos a hacer que eso sea lo que nos mueva. Si dejamos que esa frustración se acumule, crezca, nunca la utilizamos como gasolina para conseguir lo que queremos y para alimentar al cohete nos disparará hasta donde queremos, entonces se transformará en un círculo vicioso de depresión.

Podemos tener días donde tenemos un bajón emocional, claro que sí, pero entrar en el círculo vicioso de la depresión, nunca nos acercará a lo que queremos. Rétate a ti mismo, rompe tus propios records y usa tus fracasos y frustraciones como «cicatrices» que forman parte de la victoria.

4. No pienses mucho al respecto: no pienses tanto en la disciplina, ni en la falta de ella. Tampoco pienses tanto en lo que te gusta hacer y en lo que no te gusta, porque mientras más pensamos en ello, menos queremos hacer lo que debemos hacer.

Generalmente nos concentramos en el dolor y olvidamos el beneficio, así que, no pienses mucho en lo que te causa dolor y haz lo que tengas que hacer, sin pensarlo demasiado. A veces, es sumamente útil que actuemos sin pensar.

¿No te ha pasado que a veces tienes pereza y te da pereza quitarte la pereza? Nos pasa porque lo pensamos demasiado. Cuando a mí me invaden pensamientos del tipo «...*es que no me gusta hacer eso; es que ahora no me apetece; es que estoy cansado*» casi siempre me funciona decirme a mí mismo «*Nadie te ha preguntado si quieres, si te apetece o si te gusta ¡Levántate y hazlo!*»

5. Auto-engáñate y empieza: di que solamente lo harás durante 5 minutos. Cuando la alarma suene a los 5 minutos, ya no sigues.

Me imagino que ya sabes lo que sucede luego de cinco minutos ¿no? Que sigues haciéndolo porque ya estás caliente y ya empezaste, que es lo más difícil. Lo realmente difícil, es empezar, es dar el primer paso.

Requiere muchísima energía y fuerza de voluntad comenzar algo que nos cuesta; cuando vemos que tenemos delante una montaña de trabajo, no sabemos de dónde sacar esa energía para ponernos en movimiento, por eso, al auto-engañarnos y decidir que solamente lo haremos durante 5 minutos, convertimos el agobio en algo fácil («*son solo 5 minutos*») y una vez que hemos empezado, querremos seguir (por voluntad propia) con la actividad que estábamos evitando.

6. Agradécele a tu mente, pero no la escuches: tu mente siempre buscará todas las excusas posibles para impedirte que hagas aquello que no quieres ¿Por qué? Porque ella lleva demasiados años de evolución programada para nuestra supervivencia, bienestar y no quiere que pasemos por ningún tipo de sufrimiento, ni siquiera el de la disciplina.

Nuestros antepasados debían administrar muy bien su energía, porque podían pasar dos, tres o más días sin comer. Por eso, hemos heredado lo que llamamos «la ley del mínimo esfuerzo». Así que cuando tu mente empiece a contarte un montón de excusas y empiece a alertarte de peligros que no existen, dile: «*sí, sí, gracias mente, sé que me adoras, sé que soy lo más importante para ti y lo agradezco, me siento muy honrado de que te preocupes tanto por mí, sin embargo, cállate; no me importa lo que me estás diciendo. Gracias por mantenerme vivo, pero calla, que yo no me conformo con sobrevivir, sino que quiero vivir al máximo*».

7. Bloquea el tiempo: Esto ya te lo he comentado anteriormente, pero es tan importante, que lo repito tantas veces sea necesario. Cuando hablamos de bloquear el tiempo, nos referimos a apuntar en nuestra agenda lo que vamos a hacer en cada hora específica del día. Es lo que yo llamo «hacer citas con nosotros mismos».

Probablemente ya te ha pasado que creas una lista de cosas para hacer al día siguiente (o durante ese día) y esperas a que te caiga la inspiración del cielo para hacer esas cosas de tu lista. Sin embargo, cuando tienes una cita con el dentista el miércoles a las 9am para acabar con ese dolor tan desagradable que tienes en una muela, pase lo que pase, caiga nieve o haga calor, estarás allí el miércoles a las 9am. ¿Cierto?

Debemos fijar en nuestro calendario las horas específicas en las que decidimos ser disciplinados. Apuntamos lo que haremos en cada hora, de forma concentrada y productiva, pero también apuntaremos los momentos de distracción y diversión (en los que nos damos permisos para no hacer nada productivo).

Cuando bloqueamos el tiempo y sabemos que tenemos una «cita» importante con nuestro futuro (con lo que queremos conseguir) haremos lo que tenemos que hacer, pase lo que pase, caiga nieve o haga calor.

Recuerda que la disciplina es una decisión y para que sea un poco más fácil tomarla, debes desear fervientemente aquello que quieres conseguir a través de la disciplina. Si lo quieres mucho, harás lo que sea necesario para conseguirlo.

CÓMO AUMENTAR EL TAMAÑO DE TU ZONA DE CONFORT

Estoy seguro de que has escuchado muchísimas veces que: *«Hay que salir de la zona de confort para alcanzar grandes metas».*

Parcialmente, estoy en desacuerdo.

Se le llama zona de confort por una razón muy simple: es aquella donde nos sentimos seguros, cómodos, donde todo es familiar, donde sentimos que tenemos el control y todo eso es bueno; es bueno sentirnos cómodos, seguros y estables.

Cuando nos sentimos en un entorno conocido, con actividades conocidas, rutinas y personas conocidas, evidentemente nos sentimos seguros y eso nos ayuda a tener un mejor desempeño. En un estudio realizado en el año 1908 por los psicólogos Robert Yerkes y John Dodson, descubrieron y afirmaron que mantenernos en un estado de confort asegura que tengamos un desempeño correcto, constante, estable e inclusive que seamos más productivos. Hay muchos procesos mentales que se activan de forma negativa y que nos perjudican cada vez que salimos de nuestra zona de confort.

¿Qué genera la zona de confort? Tranquilidad, paz, felicidad, satisfacción, etc.

¿Qué genera salir de ella? Ansiedad, estrés, temor, pánico, etc.

Dime tú quién puede ser productivo y estar en su mejor nivel de desempeño cuando está totalmente cagad*, petrificado, agobiado, estresado y ansioso… nadie.

Atención, que la segunda parte del estudio de estos señores en el año 1908 es más interesante aun: para mejorar el desempeño y maximizar nuestro potencial, debemos encontrar nuestro **punto de ansiedad óptima**. Ese nivel de ansiedad óptima es aquel donde sentimos algo de miedo, pero no tanto como para quedarnos petrificados ni paralizados.

Si estamos demasiado cómodos no seremos productivos y si estamos demasiado incómodos, tampoco seremos productivos. Debemos descubrir cuál es nuestro punto de ansiedad óptima, para que podamos aumentar nuestro nivel de desempeño y explotar nuestro máximo potencial, sin quemarnos, agobiarnos, ni paralizarnos.

¿Cómo conseguimos esto? Evidentemente, a través de la experimentación. Tenemos que exponernos a muchas cosas y tenemos que sentirnos cómodos con la incomodidad.

Para aprender a nadar, generalmente lo hacemos en una piscina o en una playa sin muchas olas, con la supervisión de alguien que ya sabe nadar y que nos podría rescatar en caso de que estemos a punto de ahogarnos. Aprender a nadar cuando ya nos estamos ahogando, es demasiado tarde. Debemos exponernos al agua y a una situación de «ahogo» en un entorno seguro. Lo mismo debemos hacer con la zona de confort.

Para muchos, sus metas (o lo que implica hacerlas realidad) son como un océano profundo al cual le temen porque no saben nadar. Entrar en ese océano implicaría salir de la zona de confort, pero para un buen nadador, entrar en ese océano forma parte de lo que se encuentra dentro de su zona de confort.

La moraleja es: debemos exponernos constantemente a lo que nos causa incomodidad, temor y estrés, antes de tener que hacerlo en la vida real, en situaciones reales (aprender a nadar cuando ya nos estamos ahogando, es demasiado tarde).

¿Hablar en público requiere que salgas de tu zona de confort? Comienza haciendo un discurso de 5 minutos delante de un grupo de personas conocidas y ve aumentando la exposición, hasta que se vuelva normal para ti hablar delante de la gente.

Por naturaleza, el ser humano es reacio al cambio; el cambio cuesta, de hecho, el cambio requiere de mucha energía, mental y física. Nuestro instinto de supervivencia hace que rechacemos (o tengamos exceso de cuidado) con todo aquello que no conocemos y que no es familiar para nosotros. Aunque también hay peligros en zonas muy familiares y conocidas, de alguna manera nuestro instinto ha desarrollado durante miles años el temor a lo desconocido. Por esto es tan importante que nos expongamos con frecuencia a situaciones desconocidas o poco frecuentes para nosotros y que sabemos que nos harán crecer,

Hay algunos que dicen «*quien no arriesga no gana*» y aunque no siempre ganamos al arriesgarnos, siempre que nos lanzamos a una aventura, aprendemos algo nuevo y nos exponemos a algo que antes era desconocido y, ahora, ha dejado de serlo. Aprendemos cosas buenas y no tan buenas; esto nos hace crecer y aumentar el tamaño de nuestra zona de confort.

Recuerdo perfectamente mis años de adolescencia en los que, hablarle a una chica guapa, era lo más aterrador que podía sentir. Eso no representaba salir de mi zona de confort, eso era más bien como lanzarme de un avión sin paracaídas. Pocos años más tarde, trabajé con modelos y actrices, y mi día a día era trabajar con chicas sumamente guapas. Algo que antes se salía por completo de mi zona de confort, se volvió normal. Hoy, hablarle a una chica guapa no representa en lo absoluto salir de mi zona de confort, porque ahora se encuentra dentro de mi zona de confort hacerlo.

Debemos constantemente buscar el crecimiento; debemos crecer como personas, como profesionales y al arriesgarnos constantemente a hacer cosas nuevas, diferentes e inclusive, algo desagradable para nosotros, nos volvemos cada día más cómodos con la incomodidad. La incomodidad pasa a ser parte de nuestra zona de confort.

Piensa en esto: la mayor ventaja con la que contamos es que, el ser humano, se acostumbra a todo. Forma parte de nuestro proceso evolutivo y de nuestra supervivencia adaptarnos y acostumbrarnos a todo. Cuando estamos en un estado cómodo y salimos de él, al inicio nos sentimos miserables, nos ponemos de muy mal humor, pero luego, casi sin notarlo, empezamos a acostumbrarnos. Estoy seguro que en algún momento te ha pasado.

Durante años viví en casas donde no había calefacción central y los meses de invierno, eran muy fríos. Tenía aquellos calefactores o radiadores con rueditas que hay que ir arrastrando por todas las divisiones de la casa donde queramos aumentar la temperatura. Si me iba a bañar, la rodaba hasta el baño, si miraba la tele un rato en el salón, entonces la rodaba conmigo al salón, si me iba a dormir, lo rodaba hasta la habitación. Así era la realidad y así era mi vida normal en aquella época, pero luego me mudé a una casa que tenía calefacción central y era maravilloso porque todos los meses de invierno, la casa mantenía constantemente una temperatura estable de 22º.

Luego de vivir en esa casa me dije: «*¡Nunca más vuelvo a vivir en una casa que no tenga calefacción central!*». Tres años después, adivina lo que pasó… ¡me mudé a una casa que NO tenía calefacción central! Debía, otra vez, estar arrastrando mis calefactores/radiadores por toda la casa. Al inicio me sentía totalmente miserable ¡hasta que me volví a acostumbrar!

Debemos tener en cuenta que siempre nos vamos a acostumbrar a cualquier situación y debemos usar eso a nuestro favor. Lo que es incómodo para ti, pero que sabes que te ayudará a crecer y a conseguir lo que quieres, conviértelo en algo normal y frecuente en tu vida. Te acostumbrarás y dejarás de pensar en lo incómodo que era (muchísimas personas se levantan cada mañana, haga frío o haga calor, llueva o haga sol, para ir a trabajar y ya ni se acuerdan de lo incómodo que es eso ni de lo mucho que detstan su trabajo; ahora, levantarse temprano todos los días, les guste o no, se encuentra dentro de su zona de confort).

Te propongo que hagas una lista de cinco actividades o situaciones que te hagan sentir incómodo, que no tengan relación con tus metas profesionales. No tienen que ser demasiado grandes; puede ser desde, pasar un fin de semana con amigos o familiares de aquellos un poco desagradables (o incompatibles con tu personalidad) hasta ir a una boda (no sé tú, pero yo detesto las bodas; detesto el comportamiento borrego de las personas en una boda, de las mismas ceremonias que hace todo el mundo, el put* baile de los novios que esperan que se vuelva viral en Internet, en fin.)

Luego, comprométete a hacer cada una de esas actividades un día de la semana, durante una semana. Exponte a situaciones incómodas banales, para que te empieces a volver cómodo con la incomodidad.

Lo más difícil será lograr desconectar el «monocerebro» para que no sabotee nuestra misión de aumentar nuestra zona de confort con pensamientos, como: *«ay no, qué pereza; esto no vale la pena; ¿En qué me ayudará esto a ganar 100 millones de dólares? Esto es un sufrimiento innecesario, etc., etc., etc.»* así que, debemos engañarlo (o entretenerlo, como prefieras) con otros pensamientos. La mente no puede pensar en varias cosas en simultáneo. Ella es capaz de saltar entre un asunto y otro con una gran velocidad, pero no se puede concentrar en dos asuntos a la vez.

Una de las maneras es a través de un mantra. Un mantra puede ser una afirmación que repites constantemente y lo haces cuando tu monocerebro comience a contarte historias. Podría ser: *«me siento cómodo en la incomodidad»* o también *«yo domino y controlo mis propios pensamientos»* lo que sea.

Otra forma de no escuchar al monocerebro es contando; esta a mí me funciona muy bien, sobre todo con actividades que me dan pereza o simplemente, que no me gustan. A medida que estoy haciendo la actividad que no me gusta, cuento: 1, 2, 3, 4, 5...

Mientras estoy contando, al mismo tiempo voy haciendo la actividad que tenga que hacer y no estoy dejando que mi cerebro salte de pensamiento en pensamiento como un mono; estoy haciendo que los números sustituyan cualquier pensamiento que me haga querer dejar de hacer lo que estoy haciendo.

Es una especie de hackeo cerebral, estamos «hackeando» el cerebro con los mantras, con los números o con lo que tú quieras. Esto nos ayuda a quebrar el hábito del cerebro de buscar todas las excusas de porqué no queremos/debemos hacer algo.

También puedes hacer «*Gamification*» o Ludificación con aquellas situaciones incómodas o desagradables, es decir, convertirlo en un juego para que sea divertido. Por ejemplo ¿Puedes batir tu record de cuánto te demoras en vestirte para ir al gimnasio? ¿Puedes llevar un diario o record de cuántas bodas has asistido, en el menor tiempo posible y sin querer darte un tiro?

Tú debes buscar la situación en la que quieras aumentar tu zona de confort y la conviertes un juego para que no te agobie tanto.

Hay dos maneras de volvernos cómodos con la incomodidad y cada persona tiene que hacerlo como mejor le funcione:

1. **La técnica de la exposición gradual:** paso a paso, poquito a poquito, te vas exponiendo a aquello que te causa malestar. Si te da miedo o te molesta llamar a potenciales clientes, comienza llamando a personas conocidas, con las cuales no tienes casi ninguna confianza e invítalas un día a tomar un café. Cuando te toque llamar a potenciales clientes, totalmente desconocidos, ya habrás aumentado tu zona de confort en lo que a llamadas se refiere. Así de

forma gradual, como cuando quieres entrar al agua fría, puedes ir poco a poco, mojándote primero los pies, luego las piernas, etc.

1. **La técnica de inmersión total:** totalmente lo opuesto a lo anterior; cuando tienes que meterte en el agua fría, te lanzas de cabeza. Si te desagrada hacer *networking* y te cuesta conocer personas, ve a eventos a los que asistan centenas de personas y preséntate a la mayor cantidad que sea posible.

Cada persona tiene que encontrar lo que mejor le funcione. No hay mayor ciencia, no existe un método que nunca nadie haya revelado antes y que sea algo basado en estudios profundos secretos venidos de Marte. No hay que saber nada más allá que exponerte a situaciones que te hagan sentir incómodo hasta el punto de que ya no lo sean.

Haz cada día algo que te asuste, algo que te haga sentir incómodo; cada día entrena el músculo de la incomodidad y, sobre todo, intenta de mil maneras posibles, no dejar que el músculo de la incomodidad se enfríe, porque poner en movimiento un cuerpo que está en reposo requiere de muchísima más energía que mantener en movimiento un cuerpo que ya está en movimiento. Poner a andar un tren de 500 toneladas requiere demasiada energía, pero una vez que el tren está andando, mantenerlo andando requiere de mucha menos energía. Lo mismo pasa con absolutamente todo lo que hacemos, incluyendo aquello que hagamos o dejemos de hacer por mantenernos dentro de nuestra zona de confort.

Ponte la meta de ir agregando más y más situaciones a tu zona de confort; expándela para que no tengas que salir de ella en el momento que más lo necesites. No aprendas a nadar cuando te estés ahogando.

Encuentra tu punto de ansiedad óptima y te darás cuenta de que, para tener éxito, no tienes que salir de tu zona de confort con tanta frecuencia.

ALEX KEI

MENSAJE PARA MIEMBROS DEL COMITÉ L.Q.T.P.A.

Estimado comité «Lo-Quiero-Todo-Para-Ayer»:

El mundo actual nos ha (mal)acostumbrado a obtener respuestas inmediatas, a pulsar un botón para conseguir algún tipo de resultado en segundos y, aunque maravilloso y sorprendente el mundo actual es (como diría el maestro Yoda) hay cosas que, simplemente, requieren tiempo y esfuerzo.

Por más valioso que pueda ser cada minuto de nuestro día, debemos invertir una buena parte de él en transformarnos mentalmente para conseguir lo que deseamos. El entrenamiento requerido para volvernos más grandes y fuertes, en muchas ocasiones es agotador, pero sometiéndonos constantemente a él, podremos programar nuestra mente para triunfar y convertirnos en una persona de éxito.

Los invito, estimados miembros del comité LQTPA, a hacer un esfuerzo para no creerse Neo de la película *«The Matrix»* que, con tan solo instalarse un programa en el cerebro, ya sabía Kung-Fu. Todos los que no somos Neo, debemos practicar a diario y aceptar que, al inicio, será muy difícil conseguir resultados tangibles y duraderos, pero con la paciencia, la persistencia y la práctica: conseguiremos lo que queremos.

~Semper Exercitatio; Semper Crescens~

ACOMPÁÑAME EN EL TALLER PRESENCIAL: ¡PROGRAMANDO TU MENTE PARA TRIUNFAR!

Si te ha gustado este libro y quieres continuar tu entrenamiento de una forma más práctica y proactiva, te invito a participar en mi taller presencial:

«PROGRAMANDO TU MENTE PARA TRIUNFAR» donde juntos y con un grupo maravilloso de personas, desarrollaremos tu mentalidad para que te conviertas en una persona de éxito.

La ventaja de los eventos presenciales es que permiten un entrenamiento mucho más cercano, emocionante, activo y práctico, con efectos más duraderos y con herramientas que podrás usar a diario para a alcanzar lo que te propongas.

…Y no tendrás que no hacer nada que no quieras. Antes del evento, vamos a conocerte un poco mejor, saber sobre tu caso particular y así poder ayudarte de la mejor manera.

Para conocer los detalles y la fecha de los próximos eventos en Europa, Latinoamérica y USA, visita:

www.triunfar.co

¡OBTÉN UN DESCUENTO 2X1 AL TALLER CON ESTE LIBRO!

Hazte una foto con este libro y envíala a libros@alexkei.com y te daremos un código de descuento especial, para que cuando compres tu entrada al taller, puedas llevar a un acompañante totalmente gratis! (…y, además, te incluiremos a ti y a tu acompañante, una sorpresita el día del taller ☺)

BIBLIOGRAFÍA

- Shea, Thom. *«Unbreakable: A Navy SEAL's Way of Life»*. 2015.
- Elmundo.es *«Una siesta puede ser tan buena como una noche de sueño»*. http://bit.ly/UnaSiestaNocheDeSueño
- Maltz, Maxwell. *«Psico-cibernética: una vida dichosa»*. *2002*
- Wikipedia. *«Teoría de las múltiples inteligencias de Gardner»* http://bit.ly/InteligenciasDeGardner
- Conferencia TED de la Dra. Carol Dweck *«The power of believing that you can improve»* (Conferencia sobre la Mentalidad fija Vs. Mentalidad de Crecimiento): http://bit.ly/MentalidadFijaVsMentalidadCrecimiento
- Experimento de Fran de Waal con los monos: http://bit.ly/ExperimentoConMonos
- Cuadro Escasez Vs. Abundancia de la Coach en Liderazgo Ejecutivo Katia Verresen. http://bit.ly/EscasezVsAbundancia
- Kolbe, Kathy. *«The Conative Connection»*. 1990.
- Hendricks, Gay *«The Big Leap»*. 2009.
- Dr. Orlick, Terry. *«Entrenamiento Mental: Cómo vencer en el deporte y en la vida gracias al entrenamiento mental»*. 2003
- Wipedia. *«Ikigai»*. http://bit.ly/WikipediaIkigai
- Ishida, Riichiro. *«Decreasing Anxiety in Stutterers through the Association between "Purpose in Life/Ikigai" and Emotions»*. *2012* http://bit.ly/PurposeInLifeIkigai
- Dr Lally, Phillippa. *«How are habits formed: Modelling habit formation in the real world»*. 2010

ALEX KEI